Friedrich Schiller

Schillers dramatische Entwürfe

Friedrich Schiller

Schillers dramatische Entwürfe

ISBN/EAN: 9783743635517

Hergestellt in Europa, USA, Kanada, Australien, Japan

Cover: Foto ©Thomas Meinert / pixelio.de

Weitere Bücher finden Sie auf **www.hansebooks.com**

Schillers

dramatische Entwürfe

zum erstenmal veröffentlicht

durch

Schillers Tochter

Emilie Freifrau von Gleichen-Rußwurm.

Stuttgart.

Verlag der J. G. Cotta'schen Buchhandlung.

1867.

Vorwort.

Ich habe lange gezögert die noch ungedruckten dramatischen Entwürfe Schiller's der Oeffentlichkeit zu übergeben. Es war mir ein eignes, unnennbar angenehmes Gefühl etwas von des theuern Vaters Hand zu besitzen, was mir noch allein gehörte, doch fühle ich auch lebhaft, ein Unrecht zu begehen, wenn ich seinen Freunden, seinen Verehrern diesen theuern Schatz länger vorenthalten würde, welchen sie gewiß mit großem Interesse begrüßen werden.

Greifenstein ob Bonnland, den 9. Mai 1867.

Emilie von Gleichen-Rußwurm
geb. von Schiller.

Inhalt.

	Seite
Agrippina	1
Themistokles	21
Gräfin von Flandern	27
Die Herzogin von Zelle	71
Rosamund oder die Braut der Hölle	99
Elfride	111

Agrippina.

In dem Verzeichniß von Schillers Hand als 7 bezeichnet.

Der Tod des Brittanikus und der Tod der Agrippina geben beide den Stoff zu einer reinen Tragödie, und vorzüglich der leztere.

In dem erstern ist vielleicht noch zuviel von einem stoffartigen Interesse und einem sentimentalischen Mitleid zu fürchten, da der Untergang der Agrippina mehr die tragische Furcht und das tragische Schrecken erregt.

Agrippina ist ein Charakter, der nicht stoffartig interessirt, bei dem vielmehr die Kunst das stoffartig widrige erst überwinden muß. Rührt Agrippina, versteht sich ohne ihren Charakter abzulegen, so geschieht es lediglich durch die Macht der Poesie und die tragische Kunst.

Agrippina erleidet bloß ein verdientes Schicksal, und ihr Untergang durch die Hand ihres Sohns ist ein Triumph der Nemesis. Aber die

Gerechtigkeit ihres Falls verbessert nichts an der That des Nero: sie verdient durch ihren Sohn zu fallen, aber es ist abscheulich daß Nero sie ermordet. Unser Schrecken wird also hier durch kein weiches Gefühl geschwächt. Wir erschrecken zugleich über den Opferer und über das Opfer. Eine leidende Antigone, Iphigenia, Cassandra, Andromacha 2c. geben keine so reine Tragödie ab.

Der Tod der Agrippina macht Epoche in dem Charakter des Nero; hier fühlt er die lezte Schaam, und die lezten Schauer der Natur, er überwindet sie und hat nun alle moralische Gefühle überwunden.

Er macht Epoche in seinem Charakter; denn solange die Mutter lebte, hatte Nero noch einen Zügel. Seine ganze Infamie und Schändlichkeit brach noch nicht ganz aus bei ihrem Leben. Wie sie todt ist achtet er nichts mehr, und eins der ersten ist, daß er aufs Theater geht.

Es kostet dem Nero etwas, seine Mutter umzubringen; nicht etwa aus einem Rest von Liebe, die hat er nie für sie empfunden. Es ist bloß die unvertilgbare Naturstimme, die er Mühe hat zum Stillschweigen zu bringen. Diese Naturstimme ist so allgemein, es ist ein so ewiges Naturgesetz, daß selbst ein Nero die heftigste Crise ausstehen muß, eh er es überwindet, und er überwindet es nicht, sondern muß es umgehen.

Die Tragödie hält sich also mehr innerhalb des Physischen Kreises als des Moralischen auf; oder sie behandelt dasjenige moralische, welches eine physische Macht ausübt.

Nero scheint noch verbesserlich, solang er seine Mutter nicht getödet hat; er steht, in dem Stück auf einer Grenze. Er fühlt noch Schaam, er scheut noch etwas heiliges, es ist noch nicht alle Hofnung verloren. Aber noch eh er sie töben läßt und um sie töben lassen zu können, muß er die Natur ausziehen. Diese kehrt noch einmal zurück, wenn die That gethan ist, aber ohnmächtig und ohne Folgen.

Ja es kommt in dem Stücke selbst soweit, daß seine Mutter ihn noch einmal herumbringt.

Agrippina hat ein Orakel erhalten, daß ihr Sohn herrschen und sie töben würde. Damals war es ihr nur um ihren Zweck zu thun. Occidat dum imperet.

Ihre Macht ist gesunken, sie hat ihren Einfluß auf ihn verloren und muß andre, statt ihrer ihn beherrschen sehen. Diß ist ihr größtes Unglück, denn sie hatte ihm die Herrschaft mehr verschafft um ihrentwillen als um seinetwillen, aber er ist ihr entschlüpft, weil sie ihre Regiersucht nicht zu mäßigen oder zu verbergen verstand. Jezo büßt sie es theuer durch Verlassenheit und Verachtung — Sie kann diesen Zustand nicht gelassen ertragen.

Sie steht zuweilen auf dem Sprung gegen ihren eignen Sohn zu conspirieren, und zuverlässig würde sie ihm einen Gegner erwecken, wenn sich hoffen ließe, daß sie dadurch etwas gewänne. Aber im Augenblick des gekränkten Stolzes überlegt sie nicht einmal die Folgen; sie findet eine Befriedigung darin, ihm die Macht zu nehmen, die sie nicht mit ihm theilen soll. — Durch diese Gesinnung ist sie ein gefährlicher Character, kann wenigstens dem Nero so abgeschildert werden.

Sie ist eine nicht verächtliche Gegnerin, Tochter eines Cäsars, Gemahlin eines Imperators und Mutter eines solchen verbindet sie die höchste weibliche Würde auf ihrem Haupt.

Sie hat in Rom einen Anhang, sie besizt Schäze, ein großes Mancipium.

Ferner. Sie kann die Rechte des Nero an den Thron des Augustus umstürzen, sobald sie, mit Aufopferung ihrer eignen Ehre, die Wege bekannt macht, durch die er zum Thron geführt worden, und von ihrer Verzweiflung ist ein solcher Schritt in der That zu fürchten. Auch hat sie schon damit gedroht.

Sie hat sich fähig gezeigt zu jedem Verbrechen, da sie Ehebruch, Blutschande und Mord schon versuchte.

Ein Beweis, wieweit sie aus Rachsucht und blinder Regiersucht zu gehen im Stand ist war Brittanicus, den sie anfangs unterdrückte und nachher in Schuz nahm.

Am Anfang der Handlung ist Agrippina zurückgesezt und verlassen.

Im Verfolg der Handlung erhält sie noch einmal auf einen Augenblick die Herrschaft über ihren Sohn, der sie

Schnell darauf dem Tode dahingiebt.

Ihre Ermordung geschieht zweimal, da sie das erstemal entrinnt.

Abschied des Nero von der Agrippina, eh sie sich auf das Schiff begiebt, wo sie der Tod erwartet.

Die eigentliche lezte Gewaltthat gegen Agrippina wird schon mehr durch den Drang des Augenblicks als aus Besonnenheit beschloßen. Nero fürchtet ganz ernstlich für s. Leben, besonders da er den großen Zulauf zu der geretteten Augusta erfährt.

Der Aberglaube der Römer muß in der Schilderung besonders hervorspringen.

Das Nativitätstellen laßen ist ein Regal, es ist ein capitales Verbrechen, die Magic über die Zukunft zu fragen —

Ein geheimes Ereigniß zwischen dem Nero und seiner Mutter flößt ihr die Hofnung ein, daß sie ihn entweder noch herumbringen oder daß er sie doch nicht töben werde.

Nichtsbestoweniger nimmt sie die äusersten Vorsichts Maaßregeln gegen einen mörberischen Angriff.

Soll Octavia, Neros Gemahlin, in die Handlung verflochten werden?

Seneca erscheint nicht zu seinem Vortheil und zeigt einen zweideutigen Character.

Burrhus ist ein fester Charakter, ein Weltmann und Krieger, und steht mit Achtung da zwischen dem Laster und der Tugend.

Agrippina macht einen Versuch, die Begierden des Nero zu erregen; soweit biß nehmlich ohne Verlezung der tragischen Würde sich darstellen läßt. Es wird, versteht sich, mehr errathen als ausgesprochen.

Agrippina beschüzt die gute Sache gegen den Nero, wie sie schon bei Brittanicus gethan hat. Dieß giebt Gelegenheit, einen schönen Character einzuführen, ohne dem Geist des Ganzen zu widersprechen, denn dieser gestattet nicht, daß das Gute dem Bösen, sondern will daß Böses dem Bösen entgegenstehe.

Agrippina muß in dem Stücke nichts gegen den Nero thun, obgleich sie zu allem fähig wäre; diesen Grad der Unschuld muß sie, ihm gegenüber und in diesem lezten Verhältniß, haben, das erfodert das tragische Gesetz — Sie muß als Mutter gegen den Sohn da stehen. Zwar als eine sehr schuldige Mutter aber nicht gegen den Sohn schuldig.

Nero ist eitel auf seine Talente, er hat nur kleinliche Neigungen, durchaus nichts Großes oder Edles ist in seiner Natur. Er hat eine gemeine Seele; daher kennt er auch keine Großmuth in seiner Rache, und alles haßt er, was edel und achtungswürdig ist in Rom. Er ist dabei im höchsten Grad feigherzig, argwöhnisch, leicht aufzuschrecken, schwer zu versöhnen. Er ist habsüchtig, wollüstig, lüderlich.

Erster Act.

Erster Auftritt.

Agrippina. Albina.

Albina.

Was muß ich sehn? Indeß daß Nero schläft,
Erwartest du hier einsam sein Erwachen?
Die Mutter Cesars irret unbegleitet
an seiner Thür zu lauern
Durch den Pallast, und wacht an seiner Schwell?
Augusta, geh zurück, in dein Gemach zurück.

Agrippina.

Ich darf mich keinen
Nicht einen Augenblick entfernen von hier

Albina — Hier

Ich will ihn hier erwarten.

Entfernen — Hier erwart ich ihn Albina!
Der Kummer, den er auf mich häuft, giebt mir
Die Unruh, die

Giebt mir des Stoffs genug, solang er schläft,
Soll mich beschäftigen, solang er schläft.
Beschäftigung genug, solang er schläft.

Was ich vorher gesagt, trift ein Albina!

Nero erklärt Brittanikus die Fehde,

Des Zwanges ist des Zwanges müd, geliebt

Nicht mehr geliebt, er will gefürchtet seyn,

Geliebt zu seyn, er will sich Furcht erwerben.

Brittanikus drückt seinen stolzen Geist!

Ich selbst, ich fühl es, daß ich ihm lästig werde!

Albina.

Ihm lästig du? die ihm das Leben gab,

Den Thron ihm gab, den er nicht hoffen konnte!

Du, die den Sohn des Klaubius enterbt,
Und ihn den
Den glücklichen Domitius

Zum Reich berief? Alles alles spricht

Für Agrippina und er muß dich lieben!
Für dich, ist er nicht schuldig dich zu lieben!
Er ist dir Liebe schuldig!

Agrippina.

Er sollt   Schuldig wohl!
                   wenn er edel denkt!

Wohl ist er das Albina! Alles schreibt

Ihm diese   wenn er edel denkt,
Doch ist er undankbar, verdammt mich alles.

Albina.

Er undankbar? Wie? Zeigt nicht sein Betragen
Wie tief er seine Pflichten fühlt und kennt?
Seit dreien Jahren, daß er Rom beherrscht,
Was hat er nicht geäusert und gethan
Das einen großen Kaiser nicht verspräche?
Seit diesen drei
In den drei Jahren, daß er Rom beherrscht,
          sah Rom
Seit dem er herrscht,
Die alte Zeit der Consuln wiederkehren!
Er herrscht so väterlich,   Nero
Denn wie ein Vater herrschet er! Ein Jüngling
            zeigt er,
Zeigt er   mit der August geendet!
Als Jüngling

Agrippina.

Ich will nicht blind seyn gegen sein Verdienst,
Wohl fängt er an so wie August geendet,
Verleihn die Götter, daß die Zukunft nicht

Die glückliche Vergangenheit zerstöre,

Daß er nicht ende wie August begann.
     verbirgt er sich
Umsonst hüllt er sich ein, in seinen Zügen

Les ich den Stolz, den wilden düstern Sinn.

D   Domitier! Und mit

Dem Stolz, den er aus ihrem Blut geschöpft,

Paart er den ganzen Hochsinn der Neronen,

Den er an **meinen** Brüsten eingesogen.

Stets glücklich ist der Anfang der Tyrannen,

Auch Cajus war zuerst die Freude Roms,
 in
Eh er zu seinem Schrecken sich verwandelt.

Eh er die

Und kümmerts mich, ob Nero längre Zeit

Sich selbst getreu der Welt ein Muster gebe

       Tugend gebe?

Gab ich das Steuer Roms in seine Hand
 Daß er dem Volk und dem Senat
Es nach des Volks und des Senats zu lenken

Zu lenken? Sei er Vater seine

Doch
      will ers so
Sei er des Landes Vater, wenn er will,

Doch denk er etwas mehr daran

Gefällts ihm so, doch denkt er etwas mehr
Daß Agrippina seine Mutter.

— Mit welchem Nahmen aber nennen wir
Die Frevelthat, die dieser Tag beleuchtet?
wer wüßt es nicht, daß Junia
Er weiß, denn aller Welt ist es bekannt,
Geliebt wird von Brittanikus — Das
Und dieser Nero, den die Tugend leitet,
Läßt Junien in dieser Nacht entführen!
Was soll das? Ists die Liebe? Ists der Haß,
Der ihn beseelt? Ists bloß die Freude sie
Zu quälen? Oder straft er sie darum
Wie oder straft er   weil ich sie schütze,
Sie   weil ich sie schütze?

Albina.
Du schützest sie, Augusta.

Agrippina.
Vollende nicht Albina!
Wohl weiß ichs, daß ich selbst sie untergrub,
Daß von dem Thron, auf den Geburt ihn rief,
Brittanikus durch mich verdränget ward,
Durch mich Silan, der Bruder Juniens
Dem Claudius die Herrschaft zugedacht, Silan,

Silan, der
Die Hand Octaviens verlustig gieng
Octaviens Hand und

Nero genießt die Frucht von diesem allem,
Und ich, zum Lohn dafür, muß zwischen ihn
Und jene treten,

Zum Gegendienste
Auf daß Brittanicus einst zwischen mir
Und meinem Sohn das Gleiche mir erzeige!
Albina.
Welch ein
Agrippina.
Mein Hafen in dem Sturm,
Hält diß ihn nicht, ist Nero mir verloren!
Albina.
S   gegen Deinen Sohn?
Agrippina.
Er fürchte mich, damit ich ihn nicht fürchte.
Albina.
Dich schreckt vielleicht

Doch ist dir Nero nicht mehr was er soll,
So ist biß ein Geheimniß zwischen dir
Und Cesarn und verlautet nicht zu uns.
Was Rom an neuen Würden ihm verleiht,
Mit seiner Mutter eilt er es zu theilen
Nichts
   Dein Nahme ist so heilig als der seine,
Der traurigen Octavia wird kaum
Gedacht, so hoch hat euer Ahnherr selbst
Augustus niemals Livien geehrt —

Nero zuerst erlaubt seiner Mutter
Lorbeerbekränzt die Fasces vorzutragen.
Wie kann er mehr sein kindlich Herz dir zeigen?
Welch andres Pfand verlangst Du seiner Liebe?
    Agrippina.
Der Ehrfurcht weniger, des Vertrauens mehr!
Ein wenig mehr Vertraun, und minder Ehrfurcht!
All diese Gnaden, die er auf mich häufte,
Sie reizen nur Albina meinen Schmerz!
Die Ehren wachsen und mein Ansehn sinkt!
Nein, nein, sie ist verschwunden jene Zeit,

Da Nero noch ein Jüngling die Huldigungen
                          mir entgegen brachte
Des Hofs der ihn vergöttert, an mich wies

An mich des Hofes Huldigungen wies,

Der Staatsregierung sich bei mir entlub,

Da mein Befehl den Rath versammeln durfte,

Da hinter einem Vorhang ungesehn

            Ich dieses Körpers mächtge Seele

Denn Nero noch der Volksgunst ungewiß
                                ungewiß der
War er von seiner Macht nicht berauscht!
Damals
     Noch jezt ergreift mich jenes Tages Bild

Ein trauriger Tag! da Nero selbst zuerst

Geblendet ward von seiner Größe Glanz,
          sehen
Da ihn von vielen Königen der Welt

Die Abgesandten zu verehren kamen —
          den alten Plaß zu an, mich neben ihn zu sehen
Ich nahte mich, den altgewohnten Plaß

Auf seinen Thron! — doch welcher böse Rath
      von
Sein Herz mir entwendet, weiß ich nicht —
Denn kurz
Doch schon als er von weitem mich ersah

Entstellte finstrer Unmuth sein Gesicht,

Und mich ergriff das böse Zeichen schnell. gleich!

Der Undankbare! Mit verstellter Demuth
Hub er sich schnell, und mir entgegen eilend
Mich zu umarmen, schob er listig mich
Vom Thron hinweg, den ich besteigen wollte.
Seit diesem Unfall   neigt sich meine Macht
　　　　　　ihrem
Mit jedem Tage seinem Falle zu
　　　　　　beschleunigten Schritten
Sich täglich
Mir blieb der Schatten nur der alten Gunst,
　　Burrhus　　und　　Seneka!
　　　　　　　　　　　　　　die Welt.
　　　　　Albina.
Gebieterin, wenn du so arges wähnst,
Warum diß Gift in deinem Herzen nähren?
Erkläre Dich mit Cesarn
So schnell Du kannst,

　　　　　Agrippina.
Cesar sieht ohne Zeugen mich nicht mehr
Mich
Albina! Oeffentlich! trift mich die Reihe
Gelang ich zum Gehör, was er mir sagt
Und was er nicht sagt ist ihm vorgeschrieben
Von zwey　　　　　die er sich und mir

Zu Herren gab, ist Einer stets zugegen.

Doch meid er meinen Anblick, wie er will
       auch
Doch wie er mich vermeide, ich verfolg ihn,

Ich dränge mich ihm auf, und

Aus seinem Frevel muß ich Vortheil ziehn.

Horch ein Geräusch! Man öffnet! — Auf der
          Stelle

Geh ich

           und ist

Ists möglich überrasch ich sein Geheimniß.

Themistokles.

Hoffmeister bringt in dem Nachlaß zu Schillers Werken III. Band pag. 234, ein Blatt Themistokles, welches nach der Veröffent=lichung Hoffmeister, nach dessen lebhaftem Wunsche, geschenkt wurde, und nach seinem Tod von W. v. Maltzahn acquirirt wurde wie mir dieser erzählte.

Themistokles soll die Persische Flotte gegen seine Mit=
bürger anführen, er hat es dem großen König versprochen
als er auf seiner Flucht bei diesem eine gütige Aufnahme
fand und gegen seine undankbaren Landsleute Rache brütete.
Aber unterdessen ist ihm ein anderer Sinn gekommen; er
kann es nicht über sich gewinnen für die Barbaren und
gegen sein Vaterland zu fechten. Da er nun nicht länger
auf persischem Gebiete bleiben, mit seinem Volk aber sich
nicht mehr versöhnen; die heiligen Obliegenheiten des Gast=
rechts nicht verletzen, noch weniger auf Unkosten seiner Ehre
und seiner Vaterlandsliebe befriedigen kann, so entschließt
er sich, als ein würdiger Grieche freiwillig zu sterben.

Das Stück enthält die geschäftigen Anstalten zu einer
großen Kriegsexpedition. Man erwartet eine große kriegerische
Handlung und alles läuft auf nichts hinaus, da der, welcher
die Seele davon seyn sollte, sich tödet. Beide Anstalten,
die der Perser zum Feldzug und die des Themistocles

zum Tode, welche jene aufhebt und vernichtet, gehen mit=
einander fort, und der Geist des Stücks ist dieser, daß
etwas ganz anders, schlechthin andres erfolgt als veran=
staltet worden, und daß etwas ideales das reale zerstört und
in Nichts verwandelt.

Es wird dargestellt

a. Der Athenienser Themistocles, der hochgesinnte Grieche
unter den Barbaren. Griechische und persische Sitten
im Contrast.

b. Themistokles hohes Ansehen bei den Persern, und die
Ehrenbezeugungen, die ihm von den Barbaren erwiesen
werden.

c. Die Gnade des großen Königs, dessen großes und uner=
schütterliches Vertrauen zum Themistocles.

d. Jonische Griechen, zwischen den europäischen Griechen
und den Barbaren in der Mitte stehend.

e. Aechte Griechen, zwey wenigstens, welche dem Themistocles sein griechisches Vaterland wieder vor die Seele
bringen und eine heftige Sehnsucht darnach erwecken.

f. Themistocles Tochter Nesiptoleme, die Priesterin der
Mutter der Götter.

g. Der Neid der Perser gegen den Themistocles.

h. Themistokles frühere Thaten und Heldenruhm. Geschichte seines Exils und seiner Schicksale.

i. Griechenlands Blüthe und wachsender Ruhm, seitdem er unter den Persern ist. Cimons Frühling.

k. Themistokles erinnert sich mit Begeisterung der früheren Zeit. Die Schlacht bei Salamis. Olympische Spiele.

l. Er ist dem großen König, den er verachtet, Pietät schuldig.

m. Die Griechen verachten ihn, und er liebt sie mit heftiger Sehnsucht.

n. Ein Kind oder Enkel des Themistokles ist für die Griechen begeistert.

o. Themistocles hat Sclaven und Sclavinnen. Eine hochgesinnte Jonierin ist darunter.

p. Er wird in dem Stücke selbst von dem persischen König beschenkt.

q. Er stellt ein Opfer an, unter dem Vorwand seiner Abreise in den Krieg, es ist aber sein Todtenopfer.

r. Ein griechischer Philosoph.

s. Griechische Mimen, einige Scenen aus einer verloren gegangenen Tragödie des Aeschylus, die dazu geeignet sind, den Themistocles in eine rührende Begeisterung zu versetzen.

t. Ungeachtet er außer Handlung ist und sich dem Tode schon geweiht hat, so sieht man in ihm doch ganz den herrlichen Griechen, den klugen anschlägigen Staats= mann und Feldherrn, die hohe trefliche unzerstörliche Natur; kurz den ganzen unsterblichen Helden. Geist fließt von seinen Lippen, Leben glüht in seinen Augen, Feuer und Thätigkeit ist in seinem ganzen Thun.

Gräfin von Flandern.

Personen.

* Mathilde regierende Gräfin von Flandern.
*   Gräfin von Lille.
* Graf von Aremberg.
* Florisel von Ligne.
* Gräfin von Ligne, seine Mutter.
* Robert Prinz von Artois.
* Erich Prinz von Gothland.
* Alfons Prinz von Leon.
* Graf von Montfort.
  Bischoff von Ypern.
* Der Kanzler.
  Robert dessen Sohn.
* Rosmarin Florisels alter Diener.
  Jäger der Gräfin von Flandern.
* Bierbrauer, Anführer der Volksrebellen.
  Bürger von Gent, und Bürgerweiber.
  Soldaten.
  Kammerfrau der Gräfin von Flandern.
  Troubadour.

Hauptmotive fürs Theater.

1. Florisels fürstliche Großmuth im Zustand der Dienstbarkeit.
2. Er wird zum Ritter geschlagen und zeigt sogleich die Gesinnung.
3. Rosmarin mit dem Antrag der Prinzessin fährt ab.
4. Die Erklärung und das Misverständniß. Großmuth der Megen.
5. Gräfin erklärt sich mit Aremberg.
6. Montfort versteckt und hervorstürzend.
7. Florisels Abschied.
8. Florisel. Gräfin. Die Liebenden.
9. Erichs Dummheit.
10. Kanzler und sein Sohn.
11. Kanzler und Sohn. Lächerliches Misverständniß.
12. Volksaufstand, befreit Gräfin aus Montfort's Hand.
13. Bierbrauer und Bürger. Gräfin.
14. Gräfin als Montforts Gefangene.

15. Die Staaten der Gräfin angefallen. Montfort geht.
16. Gräfin verschwindet.
17. Rückkehr Florisels als Sieger und Richter.
18. Schmerzliches Wiedersehen der Megen.
19. Florisels Abentheuer wenn er sie sucht.
20. Er und Montfort. Dieser wird überwunden.
21. Gräfin und Florisels Mutter. Florisel und seine Mutter.
22. Die Liebenden finden sich. Auflösung des Irrthums.
23. Rückkehr und Freude.
24.
25.

Die Gräfin von Flandern.

Eine regierende Gräfin von Flandern wird von ihrem Volk und ihren Großen genöthigt, binnen einer kurzen Frist die Wahl eines Gatten zu treffen, der sie lang auszuweichen gewußt hat.

Prinz Erich von Gothland mit seinem Gouverneur.
Ein spanischer Prinz.
Ein französischer Prinz.
Zwei innländische Freier.

Vier mächtige Freier machen Ansprüche auf sie, unter diesen sind zwey fremde Prinzen und zwey ihrer vornehmsten Vasallen. Sie liebt keinen und fürchtet jeden.

Die fremden Prinzen machen ihre Geburt, ihre Macht, ihre Reichthümer geltend; die einheimischen Freier prevalieren sich ihrer persönlichen Vorzüge und des Staatsvortheils; die ersten suchen ihren Zweck durch Trotz, die andern durch Ränke zu erreichen.

Die Gräfin ist ganz ohne Stütze, ihre Freunde

sind ohnmächtig, ihr Volk verlangt ihre Heirath und wird von den Großen aufgereizt, sie hat keine andre Waffen als Klugheit und List, sich der verhaßten Wahl zu entledigen.

Ihre Abneigung dagegen gründet sich nicht bloß auf ihre Gleichgültigkeit und ihren Widerwillen gegen die Freier. Ihr Herz ist schon für einen andern interessiert, einen jungen Damoiseau an ihrem Hof, der nicht im Stand ist sie zu schützen, der keine Ansprüche an sie machen und den sie nicht wählen kann, ohne sich selbst und ihn zu Grunde zu richten.

Florisel ist der jüngere Sohn eines sehr edeln aber herabgekommenen Geschlechts; er hat nichts als seine Ahnen, und muß am Hof seiner Fürstin von seinen treuen Diensten sein Glück erwarten; aber er ist liebenswürdig, tapfer, verständig und hochgesinnt und seiner Gebieterin mit einer Neigung, die an Anbetung grenzt, ergeben. Von dem Vorzug, den ihm die Gräfin giebt, weiß er nichts, und ob er gleich für keine andere Dame Augen hat als für sie, so ist ihm doch

1. Gräfin von Flandern. Becker.
3. Gräfin von Megen.
4. Graf von Aremberg. Heide.
2. Florisel. Oels.
9. Robert von Artois. Grimmer.
Prinz von Spanien. Grüer.
8. Erich von Gothland. Becker.
5. Montfort. Cordeman.
6. Rosmarin. Graff.
10. Bischoff von Ypern.
7. Bierbrauer. Ehlers.
11. Kanzler.
12. Kanzlers Sohn.
13. Bürger.
14. Bürger.
15. Bürgerweib. Bürgerweib.
Boten.
Soldaten.
16. Diener.
Diener.
Mutter Florisel.
Teller.

Spectakel.
1. Jagdgefolg.
2. Die Freier versammelt.

der Gedanke nie gekommen sie zu besitzen. Selbst die bevorstehende Heirath der Gräfin beunruhigt ihn nur insofern, als er ihre Abneigung dagegen bemerkt und keinen der Bewerber für würdig genug hält, sie davon zu tragen.

Die Aufgabe des Stücks ist also eine doppelte erstlich die zudringlichen Freier zu entfernen; zweitens dem Geliebten einen unwidersprechlichen Anspruch an ihre Hand zu erwerben. Diese zweifache Aufgabe wird dadurch in Eine verwandelt, daß Florisel indem. er durch seine Wachsamkeit, Treue und Tapferkeit die Unternehmungen der Freier vereitelt, sich zugleich das höchste Verdienst um das Land und die Fürstin erwirbt, und sich als den würdigsten Gegenstand ihrer Liebe darstellt. Aber erst nach den bänglichsten Proben und Verwicklungen trägt die List, der Muth und die Liebe diesen Sieg davon.

Um die fremden Freier los zu werden bedient sich die Gräfin mit vieler Klugheit .der einheimischen. Diese haben ein Interesse, die ausländische Heirath zu verhindern, und obgleich das Volk jene begünstiget und die Großen selbst, aus Neid gegen ihre mächtigen Mitvasallen lieber einen Fremden als einen Unterthanen zum Herrn haben wollen, so weiß die Gräfin doch sich der einheimischen Freier so geschickt zu bedienen, daß die ausländischen das Feld räumen müssen.

3. Die Bürger im Schloß.
4. Die Armee zurückkehrend, militairischGericht.
5. DerRitterschlag.
6. Die Verwechslung.
7. Der Ueberfall im Cabinet.
8. Das Gefecht.
9. Der Einzug am Ende.
10.
11.
12.

Noch ist von Florisel gar nicht die Rede; er steht noch im Dunkeln und das Wohlwollen der Gräfin für ihn, das sie nicht verhehlt, erscheint bloß als herablaßende Güte. Doch auch jezt schon verliert sie das Interesse ihres Herzens nicht aus den Augen, und in dieser Epoche, wo seine Erhebung noch ganz unverfänglich ist, giebt sie ihm nicht nur Gelegenheit sich zu signalisiren, sondern läßt ihn auch durch einen von den fremden Prinzen zum Ritter schlagen, der ihr gern diese Gunst erweißt.

Die Gräfin erklärt sich gegen die ausländischen Freier, welche auf ihre Geburt stolz thun, daß sie darauf keinen Werth lege, daß sie ihre Hand nur dem persönlichen Verdienst schenken würde.

Dadurch bereitet sie die Erhebung ihres Geliebten vor; die einheimischen Freier aber unterstützen diese Gesinnung aufs lebhafteste, weil sie dadurch zu gewinnen hoffen. Der Stolz des einen der zwey Prinzen läßt sich dadurch wirklich rebutieren; er räumt das Feld ganz und ohne Rancune. Aber der andre der die Länder der Gräfin zu seinem Augenmerk gemacht hat und vom Geiz beherrscht wird, giebt seine Entwürfe nicht so leicht auf. Wie er sieht, daß er seinen Zweck nicht auf eine rechtmäßige Art erreichen kann, so beschließt er per nefas sich in den Besitz der Gräfin und ihrer Staaten zu setzen. Er ist ferox und gewaltthätig, voll Rachsucht geht er, um als Feind zu erlangen, was er als Freund nicht gewinnen kann.

Jetzt also bleiben vor der Hand nur die einheimischen Freier auf dem Kampfplatz. Einer von diesen hat die scheinbarsten Ansprüche und

hält sich, nach Entfernung des Prinzen, des Er=
folgs für gewiß. Er hat zahlreiche Vasallen,
große Schätze, machtgebende Hof= und Staats=
ämter, ist tapfer und kühn und glaubt noch per=
sönliche Vorzüge zu besitzen. Auf ihm ruht der
Stolz einer alten mächtigen Familie, er ver=
schlingt in Gedanken schon die Staaten der Gräfin
und es wird ihm sogar schwer, die humble Miene
eines Freiers anzunehmen. Seine Nebenbuler
verachtet er, und möchte wüthend werden, daß
die Gräfin, um seinen Stolz zu bemüthigen mit
Achtung von seinem Nebenbuler spricht.

Dieser ist gleichfalls der Erbe eines großen
Hauses und mehr die Eifersucht auf seinen Mit=
bewerber und die Nöthigung seiner Familie als
eigener Stolz oder Liebe zur Gräfin führen ihn
auf die Arena. Vielmehr hat seine Neigung sich
für eine andre eble Dame, am Hof der Gräfin,
entschieden, welches der Gräfin nicht unbekannt
und eine Ursache mehr ist, daß sie sich mit weniger
Zurückhaltung gegen ihn beträgt.

Um sich der Nöthigungen des Volks zu

entziehen und Frist zu gewinnen, giebt sie sich also den Schein, als ob sie den Grafen von Aremberg begünstige, mit welchem sie aber eine Explication hat und sich seiner dadurch entlebigt, daß sie ihm ihr Wort giebt den Montfort gewiß nicht zu heirathen, und ihm den Besitz seiner Geliebten zu verschaffen verspricht. Aus einem Freier der sie drängt, wird er also ihr Vertrauter, ihr Freund und Beschützer.

Die Geliebte dieses Grafen von Aremberg, eine Gräfin von Megen, und Anverwandte der Gräfin von Flandern hat auch eine zarte Neigung zu Florisel, welche sie weniger verbirgt als ihre Gebieterin. Sie kann frei über ihre Hand gebieten, sie kann ihrem Herzen folgen und sie ist dazu entschloßen. Nachdem Florisel Ritter geworden und Aufmerksamkeit erregt hat, so gewinnt sie Muth, einen Schritt gegen ihn zu thun, und ihm ihren Besitz im Prospekt sehen zu laßen. Erst hat sie ihn selbst mit einer zarten Aufmerksamkeit angegangen, selbst in der Gräfin Gegenwart, welcher dieser Antheil nicht entgeht, und

Eiferſucht einflößt — Nun thut ſie aber einen entſcheidenden Schritt, und weil ſie zu hoch über ihm ſteht, als daß er um ſie werben könnte, ſo ſteigt ſie zu ihm herab und läßt ihn, entweder durch den Biſchoff oder durch ſeinen Diener Roſ=marin, erfahren, daß er geliebt ſey und daß er ihre Hand erlangen könne.

Rosmarin in der größten Entzückung über dieſes außerordentliche Glück ſeines jungen Zög=lings und Gebieters kann nicht Worte genug finden, ſeine Freude auszudrücken, wenn er es ihm ankündigt, wird aber ordentlich böſe, wenn Floriſel ſich kalt und gleichgültig dabei bezeugt. Floriſel wird aber in die Nothwendigkeit geſetzt ſich gegen die Gräfin von Megen zu erklären.

Gräfin von F. iſt von dem Schritt ihrer Nebenbulerin unterrichtet worden und fürchtet alles. Sie iſt hier nicht bloß Weib ſondern eine empfindliche Souveraine und will es den Floriſel fühlen laſſen.

Man iſt in einem Garten. Die beiden Grä=finnen ſind auf einerlei Art angezogen. Rosmarin, im Wahn daß er die Gräfin von Megen vor sich habe, sagt der Gräfin v. Fl. daß Florisel gleich da seyn werde.

Imagina Erbgräfin von Flandern.

Mathilde Gräfin von Lille.

Fräulein von Megen.

Florisel von Ligne.

Seine Mutter.

Erich Prinz von Gothland,
Robert Graf von Artois
Prinz von Leon
Graf Montfort
Graf von Aremberg
} Freier der Gräfin von Flandern.

Erster Act.

1.

Mehrere Freier, ausländische Prinzen und innländische Große, halten sich am Hof der Gräfin auf und werben um ihre Gunst. Die falsche Gravität, der Hochmuth, die Herrschsucht und die Ungeschicklichkeit repræsentieren sich in dem spanischen Prinzen, dem Grafen Robert von Artois, dem Grafen Montfort und dem Prinzen Erich von Gothland.

Eine abgeschmackte Maskerade des leztern hat das Pferd der Gräfin auf der Jagd scheu gemacht, daß es mit der Gräfin durchgeht. Florisel einer ihrer Edelknechte rettet sie durch seinen Muth und Geschicklichkeit. Er wird von den Freiern geschmeichelt, gepriesen und beschenkt.

Spanier.
Artois.
Erich.
Montfort.
Megen.
Der lächerliche Freier.

A.
Bediente. Man hört Jagdhörner. Jäger erzählt.

B.
Gräfin. Florisel. Gefolge.

C.
Florisel. Die Diener.

D.
Florisel. Rosmarin.

E.
Florisel. Gräfin v. Fl.
Gräfin v. Megen.

F.
Florisel. Bischoff.

2.

G.
Gräfin. Freier. Florisel, welcher zum Ritter geschlagen wird.
Kanzlers Vortrag.
Die ausländischen Freier werden abgewiesen.
Florisel gegen Robert.
H.
Erich wird abgewiesen.
I.
Montfort wird plantiert.
K.
Montfort. Erich.

Florisel theilt das Geschenk an die Diener der Gräfin aus, und legt nur auf eine Kleinigkeit die der Person der Gräfin angehörte, einen Werth. Sein Betragen kündigt eine hohe fürstliche Gesinnung und eine Delikatesse der Gefühle an, die ihn über alle andre Figuren erhebt. Er ist von einem sehr edeln aber armen Geschlecht, seine Mutter lebt noch auf einem kleinen Stammschloß, er ist ihre einzige Hofnung. Ein alter Escudero, ein Erbstück seines Hauses, ist zugleich sein Diener und sein Gouverneur. Florisel hat die Liebe des ganzen Hofgesindes, und seine Frömmigkeit macht ihn auch dem Bischoff von Ypern, Beichtvater der Gräfin, werth.

Dieser läßt ihn große Hofnungen fassen und stellt ihm gleichsam seine Nativität für die Zukunft; der Diener deutet rückwärts auf seine Kindheit und seinen Ursprung.

3.

Gräfin und Fräulein von Megen, ihre Dame und Freundin, haben Florisels Galanterie und

Edelmut erfahren — Jene ist gütig, diese schmeichelnd gegen ihn. Gräfin, von den Freiern und ihren eigenen Unterthanen gedrängt, spricht ihm von ihrem Widerwillen gegen eine Wahl, von dem Zwang, den man ihr anthun will. Florisel zeigt ihr ein glüendes Devouement, läßt aber merken, daß er Montfort für den Begünstigten halte, weil dieser selbst es behaupte. Fräulein Megen hält nur den Grafen Aremberg ihrer Hand würdig. Florisel meint, daß keiner seine Gräfin verdiene, und sie selbst giebt zu erkennen, daß sie keinen liebt; dennoch scheint sie kein freies Herz zu haben. (Florisel betet seine Gebieterin an, aber er hat sich die Natur seiner Gefühle noch nicht gestanden; er hält sie bloß für Ehrfurcht und Diensteifer; er hat noch keinen Gedanken an den Besitz der Gräfin, und selbst ihre Heirath beunruhigt ihn nur um ihrentwillen.)

(Gräfin ist über ihre eigenen Gefühle schon viel entschiedener, aber eben darum hat sie auch mehr Herrschaft über die Aeußerung derselben.)

4.

Freier treten auf und becomplimentieren die Gräfin über ihre Erhaltung, dieß veranlaßt sie, Florisels Verdienst zu rühmen. Sie bittet den Prinzen von Spanien ihm den Ritterschlag zu geben; dieser, dadurch geschmeichelt, thut es mit selbstzufriedener Gravität. Die andern schmücken und ehren den neuen Ritter, dem Herkommen gemäß.

Nun thut der Kanzler den Vortrag wegen der Wahl eines Gatten — Staatsursachen und der Wille des Volks daß es geschehe. Man will ihr die Wahl lassen, aber sie soll wählen. Er nennt einen jeden einzeln und seine Ansprüche.

Erklärung der Gräfin, daß die äusern Vorzüge der Geburt und der Macht ihre Wahl nicht bestimmen sollen.

Montfort unterstützt aus Selbstsucht diese Erklärung.

Prinz von Spanien tritt zurück mit höflichem Anstand.

Artois spricht hochmüthig, und läßt Drohungen einfließen.

Florisel der neue Ritter behauptet mit edelm aber festem Anstand die Freiheit seiner Gebieterin. Artois erstaunt über diese Kühnheit eines neugemachten Ritters.

Montfort und Aremberg treten auf Florisels Seite und loben ihn. Fräulein Megen bewundert ihn, und ihre Liebe zu ihm nimmt zu. Artois entfernt sich drohend.

Prinz Erich wird von Montfort spottweise nach einer fabelhaften Braut ausgeschickt; er nimmt es in seiner kraßen Unwissenheit für Ernst auf und beurlaubt sich.

Montfort thut nun, als wenn alles für ihn gewonnen wäre, und triumphirt voreilig über die abgefertigten unglücklichen Liebhaber, indem er sich schon als den Gemahl der Gräfin betrachtet. Gräfin scheint anders gesinnt, und giebt dem Grafen von Aremberg einen sichtbaren Vorzug. Auch beim Abgehen nimmt sie seinen Arm an und läßt Montfort stehen.

Dieser fühlt seinen Stolz sehr gekränkt und ist wüthend — Erich kommt noch einmal zurück, ihn wegen der fabelhaften Prinzessin noch um etwas zu befragen, welches in diesem Augenblick eine empfindliche Persiflage seiner eigenen getäuschten Erwartung ist —

11   Montfort geht voll Zorn, und Erich beschließt den Act, oder die Scene.

Fräulein von Megen bewillkommt Florisel den neuen Ritter, zeigt ihm einen zärtlichen Antheil und bringt ihn auf die Liebe. Er bürstet nach Thaten um etwas Großes, um seiner Gebieterin würdig zu werden.

12   Gräfin und Fräulein haben sich eine Confidence zu machen. Die Rede ist von Aremberg und Florisel. Fräulein läßt ihre Parteilichkeit für den leztern merken. Gräfin zeigt Eifersucht darüber und wird beinahe empfindlich über ihre Freundin, doch weiß sie ihr Geheimniß noch ziemlich vor ihr zu verbergen — Aremberg kommt und das Fräulein entfernt sich.

13   Gräfin spricht dem Aremberg von s. Bewerbung um sie, zeigt ihm, daß sie ihn hochschäzt, aber daß sie recht gut wisse, daß nicht

seine eigene Neigung, nur die Rivalität mit Montfort und die Instigationen seiner Parthei ihn auf den Kampfplatz gestellt. Sie sagt ihm, sie wisse wohl, daß er sie nicht liebe, er liebe das Fräulein von Megen. Sie giebt ihm ihr Wort daß Montfort nie ihre Hand erhalten werde, daß er also seiner Bewerbung quitt sei — Sie verspricht ihm ihre Dienste bei dem Fräulein, beide scheiden als die besten Freunde und Montfort der am Schluß hereintritt sieht den dankbaren Grafen ihre Hand mit Leidenschaft küssen.

Montfort und Aremberg.

Dieser läßt den stolzen Gegner in seinem Irrthum, als ob er von der Gräfin begünstigt wäre, und geht ab.

Montfort

Montfort und Florisel? M. weitentfernt diesen für s. Nebenbuler zu halten sucht ihn sich zu attaschieren. Er möchte ihn gegen Aremberg aufbringen, wozu F. nur zu sehr geneigt ist, aus heimlicher Eifersucht — darinn bestärkt ihn der erhaltene Befehl an den ** Hof zu gehen.

14 · Das Fräulein hat unterdessen einen Schritt gethan, dem Florisel Hofnung auf ihre Hand zu geben.

Monolog des Alten, wenn er seinen jungen Ritter erwartet.

Rosmarin, der alte Diener Florisels ist über das glänzende Glück seines Herrn ganz außer sich, denn das Fräulein ist nach der Gräfin die erste Parthie in Flandern, und dabei voll persönlicher Vorzügen. Florisel ist aber nicht so entzückt, als es sein Diener erwartet und dieser ärgert sich über diese Gleichgültigkeit —

Der Bischoff kann auch dazu gebraucht werden.

Geschichte der Troubadours ꝛc.

Bis zum feindl. Einfall 40. 38.
Volksaufruhr ꝛc. 7. 6.
Bis zur Ankft d. Ar. 7. 6.
Soldaten. Biß zur Entf. Florisels. 7. 7.
Lezter Akt 16. 15.
—————
77. 72.
80.

Gräfin von Lille schickt dem Florisel ihre Farbe.

Gräfin übt eine unschuldige List aus, um hinter das Geheimniß Florisels und ihrer Nebenbulerin zu kommen. Es ist kein prämeditirter Betrug, aber sie benutzt die Gelegenheit, die der Zufall ihr darbietet. Rosmarin kann sie mit der Gräfin verwechseln, und dieß bringt sie nun natürlich auf den Gedanken sich für jene auszugeben.

Florisel glaubt mit dem Fräulein zu sprechen 15
und schlägt ihre Hand aus. Die Aehnlichkeit des
Anzugs und der herabgezogene Schleier täuscht
ihn; auch ist er nicht frei und unbefangen genug,
um scharfsichtig zu seyn. Die Stimme der ver=
schleierten Dame entdeckt ihm zulezt die Gräfin,
er erschrickt, und da sich das Fräulein nun zu=
gleich nähert, so entfernt er sich schnell.

Das Fräulein durchbringt zugleich den ge= 16
spielten Betrug und das Herzensgeheimniß der
Gräfin, sie beträgt sich dabei zart und großmüthig
edel, Gräfin fühlt sich zugleich beschämt und ge=
rührt, ihre Herzen ergießen sich, das Fräulein
erscheint im schönsten Licht einer edeln uneigen=
nützigen Freundin; sie giebt den Wünschen der
Gräfin nach, Aremberg glücklich zu machen.
Ueber die Mittel, Florisel empor zu bringen wird
deliberiert, und seine Entfernung an einen be=
rühmten Hof beschlossen, wo er sich Ruhm er=
werben soll.

III. Act.

Dem Montfort fällt ein Billet der Gräfin an Aremberg in die Hände, worinn sie ihm sein Glück verkündigt und ihn zu einer Zusammenkunft einlädt.

Florisel ist sich jetzt seiner Leidenschaft für die Gräfin bewußt worden. Montfort in eifersüchtiger Wuth entschließt sich zu horchen, und läßt sich von einer treulosen Kammerfrau im Cabinet der Gräfin verstecken.

Gräfin mit ihrem Kanzler, der auf den Einfall kommt, sie für verliebt in s. Sohn zu halten.

Gräfin. Fräulein von Megen. Aremberg. Dieser empfängt von der Gräfin die Hand des Fräuleins, sein Glück. Gräfin segnet diese Verbindung und spricht von ihrer eigenen Lage mit Wehmut.

Montfort stürzt hervor, zu ihren Füßen.

Sie flieht erschreckt, er hält sie, ihr Schrecken macht dem Unwillen Platz. Er entschuldigt seine Zudringlichkeit mit der Stärke seiner Liebe, sie bleibt unversöhnlich, er erniedrigt sich, sie zeigt ihm nichts als Verachtung und schickt ihn fort. Er ist glücklich und unglücklich zugleich; jenes weil er Aremberg nicht mehr zum Nebenbuler hat.

Florisel kommt dazu. Montfort sucht sich der Gräfin durch eine Gunst oder eine bisher verweigerte Gerechtigkeit die er diesem erzeigt, gefällig zu machen. Florisels ebles Benehmen gegen den Grafen.

Florisel erhält, nachdem Montfort weg ist, Befehl von der Gräfin sich an den ** Hof zu begeben. Er ist trostlos, daß er aus ihren Augen verbannt werden soll, und es beruhigt ihn nicht, daß er Zeichen von ihrer Gnade erhält, daß sie ihn als einen Mann und Herrn behandelt; vielmehr ist ihm diese Veränderung ihres Betragens von der schlimmsten Vorbedeutung.

Fräulein Megen macht sich anfangs eine muthwillige Freude daraus ihn zu necken, bald aber rührt sie der Ernst seines Schmerzens und sie sucht, ihm Trost einzusprechen.

23 Der Kanzler kommt mit seinem Sohn, und giebt ihm Lehren wegen seiner künftigen Erhebung. Ein komisches Intermezzo. Gräfin hat dem Sohn des Kanzlers Florisels Stelle gegeben, dieses hält der alte Bonhomme für ein Acheminement zu der Heirath, und beide machen sich durch ihren eiteln Hochmuth lächerlich.

24 Florisels leidenschaftlicher Abschied von dem Ort seiner Liebe. Rosmarin ist bei ihm.

Abschied der Gräfin von Florisel — Sie zeigt ihm ihre Liebe. Er ist auf dem Gipfel seines

25 Glücks.

Ihre Verzweiflung, wenn er weg ist, sie

26 zeigt ihre ganze weibliche Schwäche. Nun will sie sich vor Montfort in Sicherheit setzen, und einen andern Aufenthalt wählen, aber sie entdeckt, daß sie so gut als eine Gefangne ist, und
Aristokratische Macht. in Montforts Gewalt. Sie will als Souveraine mit ihm sprechen, aber er eludiert ihre Erklärung und unter dem Schein für sie zu sorgen, hält

er sie gewaltsam. — Megen erbietet sich, sie zu be=
freien, sie will es nicht haben — Die Rede ist von
einer Appellation an das Volk; sie fürchtet es.
Endlich nimmt sie ihre Zuflucht zur Verstellung.
Montfort bedient sich seines Ansehens, um
die Gräfin unter dem Schein für sie und den
Staat zu sorgen, ganz in seine Gewalt zu be=
kommen. Sie ist so gut als seine Gefangne,
ihre eignen Diener gehorchen dem Montfort mehr
als ihr selbst, aristokratische Unterdrückung. Sie
sucht vergebens, aus seiner Gewalt zu entfliehen.

Aremberg und ihre andre Freunde erbieten
sich zwar, sie in Freiheit zu setzen, aber sie fürchtet
die gewaltsamen Folgen und untersagt es ihnen.
Sie nimmt sich in Acht, den Montfort zu sehr
zu reizen und folgt ihm gutwillig in der Hof=
nung, sich dieses verhaßten Zwanges auf eine
andere Art zu entlebigen.

Das lächerliche Mißverständniß des Kanzlers
vermehrt ihre Verwirrung, da es sich ihr in einem
Augenblick entdeckt, wo sie Schutz und Rath ver=
langte.

In diesem Zeitpunkt geschieht der feindliche
28 Einfall Roberts von Artois.

Montfort als Feldherr muß in den Krieg, die Staaten der Gräfin zu vertheidigen. Eh er geht, wendet er noch alles an, sich der Hand der Gräfin zu versichern, da sie aber standhaft bleibt, so läßt er sie so gut als eine Gefangene zurück, und geht um gegen den Feind zu marschieren.

Florisel nach seiner Trennung von der Gräfin wird schnell zum Ritter ausgebildet, thut große Thaten und erwirbt sich Länder und Ehre. Er sammelt Ritter, wird ihr Anführer, und befindet sich so im Stand die geschlagene Armee des Montfort zu verstärken.

IV. Act.

Die Bürger von Gent sprechen von dem Krieg; der Krieg geht unglücklich. Montfort wird geschlagen, Artois macht reissende Fortschritte und bedroht Gent, indem er zugleich durch seine Emmissairs einen Volksaufstand zu erregen sucht.

Die Furcht vor Montfort macht dem größern Schrecken vor dem Feinde Platz. Das Volk erobert das Schloß, wo Montforts Diener die Gräfin gefangen halten, diese aber stürzt von der aristokratischen Tyrannei unter die demokratische. Sie soll dem Artois ihre Hand geben, bleibt aber standhaft.

Man kündigt der Gräfin die Freiheit an, aber sie vertauscht nur die Sklaverei mit einer andern.

Komisch=fürchterliche Scenen der Volksherrschaft. Gräfin unter den Bürgern. Ein Volksanführer. Lächerliches Betragen des Pöbels,

Es werden doch Exzesse begangen.

Klugheit der Gräfin. Sie sucht umsonst, einen aus dem Volk zu bestechen; ihre Flucht mislingt.

30 Die Bürgerwache in den vornehmen Zimmern.

Aremberg hat sich entschloßen, aus [auf?] dem Schloß in der Nähe der Gräfin zu bleiben, um sie zu vertheidigen.

Montfort erscheint wieder in Gent, nachdem er geschlagen.

[Auf einmal kommt Nachricht von der Niederlage des Feinds und einer völligen Endigung des Kriegs durch den Tod des Prinzen von Artois. Florisel ists, der an der Spitze von dreihundert Edelleuten den Sieg entschieden. Die flüchtige Armee des Montfort sammelt sich unter seinen Fahnen, alles strömt ihm zu, Soldatengunst, er ist im Anzug gegen Gent.

Aber in eben dieser Nacht ist die Gräfin mit Megen unsichtbar worden. Verzweiflung des Aremberg; Consternation des Volks, Jammer des Ende des 4ten Acts. alten Dieners.

Im fünften Akt erscheint Florisel als Feldherr in der Stadt, die sich vor ihm und seinen

Soldaten demüthigt. Er richtet die Verbrecher. Er erfährt die Verschwindung der Gräfin, den bösen Verdacht, den das tiefe Schweigen des Aremberg und die Zunge seines Dieners 'ausdrückt. Er kann an der Gräfin nicht zweifeln und geht ab, sie aufzusuchen.]

Auf einmal kommt Nachricht von einer Niederlage des Feindes und einer völligen Endigung des Kriegs durch den Tod des Artois.

Die lächerliche Furcht der Bürger.

Florisel ists, der an der Spitze von 500 Edelleuten den Sieg entschieden, die flüchtige Armee des Montfort sammelt sich unter seinen Fahnen, er ist im Anzug gegen Gent. Gunst der Soldaten. Ein Offizier des Florisel bringt dem Fräulein diese Nachricht. 31 Der Zuschauer ist auf dem Gipfel der Freude, und wird auf einmal zurückgestürzt.

Aber in eben dieser Nacht ist die Gräfin und der Graf von Aremberg unsichtbar worden. 32

Das Räthselhafteste daran ist, daß das Fräulein nichts davon weiß, sonst könnte man glauben, daß Aremberg sich mit der Gräfin durch die Flucht gerettet. Aber warum hätte Montfort vollendet diese Entführung.

ihr Geliebter, hätte die Gräfin sie zurücklassen sollen.

Montfort ist gegenwärtig, auf ihn kann daher der Verdacht nicht wohl fallen. —

33 Siegender Einzug der Armee — Militärische Obergewalt — Florisel als Feldherr richtet die Rebellen und erscheint als höchste Obrigkeit, man sieht ihn anticipando als Grafen von Flandern.

34 Sein treuer Diener berichtet ihm die Verschwindung Arembergs und der Gräfin und zeigt einen bösen Verdacht.

35 Seine Zusammenkunft mit dem Fräulein von Megen. Ihr stummer Schmerz klagt die Gräfin mehr an, als Rosmarins Zunge.

Er leidet tief, kann aber die Gräfin nicht für schuldig halten. Er entfernt sich heimlich mit seinem Diener, sie aufzusuchen. Sein Gelübde, wenn der Himmel sie ihn finden läßt.

V. Act.

Schicksale der beiden Verlorengegangenen.

Die Gräfin und Florisels Mutter kommen zusammen. Gräfin giebt sich dieser nicht gleich zu erkennen, eine äußerst rührende Situation.

Florisel kommt zu seiner Mutter, ohne zu ahnden, daß die Gräfin dortseyn werde. Er erfüllt die kindliche Pietät.

Aremberg ist auch von der Gräfin getrennt und sucht sie.

Gräfin ist durch ihre Klugheit oder auch durch ein wunderbar glückliches Ereigniß aus den Händen ihres Räubers entkommen.

Montfort und Florisel gerathen aneinander, fürchterliche Wuth, Montfort soll dem Florisel den Aufenthalt der Gräfin entdecken, aber er stirbt ohne es zu thun.

Ein Troubadour kommt vor.

Eine Jagd.

25
14
15
17
15
—
86

Aremberg ist verwundet und gefangen. Imagina ist auf eins von Montforts Schlössern gebracht, wo man ihr heftig zusezt, dem M. ihre Hand zu geben —

Schicksale des Florisel, der die Gräfin aufsucht.

Gemüthszustand eines unglücklichen Liebenden.

Verkleidung.

Gräfin erwählt den Florisel zu ihrem Feldherrn.
Das Volk wird aufrührisch über diese schlechte Wahl, u. verlangt, die Gräfin soll sie widerrufen und Montfort dafür wählen.
Die Gräfin ist geraubt, wenn Florisel als Sieger zurückkommt. Montfort ist da, aber Megen ist verschwunden.
Montfort hat sie nicht geraubt, aber wer? Der Verdacht fällt auf Megen, und man muß glauben, daß die Gräfin seine Mitschuldige sei.

[Montfort bedient sich der Macht, die ihm seine Stelle giebt um die Gräfin gleichsam als Gefangene zu halten. Sie ist in keiner geringen Bedrängniß, besonders hat sie auch für Florisel zu fürchten, wenn Montfort ihrer Liebe auf die Spur kommen sollte — Sie denkt darauf, ihm zu entfliehen und sich unter Megens Schutz zu begeben. Er bedeckt seine Gewaltthätigkeit mit der Pflicht seines Amts, mit der Sorge für ihre Person und für die Ruhe des Staats.

Montfort hat versucht sich der Gräfin mit Gewalt zu bemächtigen, es ist durch Florisels Wachsamkeit und Entschlossenheit fehlgeschlagen und Montfort hat sich davon gemacht. Diesen Feind ist die Gräfin los und in demselben Augenblick tritt der ausländische Feind auf.

Artois macht reißende Fortschritte und erregt zugleich das Volk; dieses wird aufrührisch und verlangt, die Gräfin soll der Noth ein Ende machen, und dem Mächtigen ihre Hand geben. Es gehört etwas dazu, standhaft zu bleiben — Was thut hier Montfort? Er muß vorher entfernt werden; auch Florisel ist weg und in den Krieg, nur Megen ist da, aber zu ohnmächtig — Gräfin bleibt fest und denkt nur darauf, aus der Gewalt loszukommen. Sie ist hart eingeschlossen und von trotzigen Unterthanen.

Die Gräfin verbindet den Grafen Megen mit dem Fräulein, sie wünscht ihnen Glück zu ihrer Liebe, und beide wünschen ihr auch Glück in der Liebe. Man weiß, daß Montfort diese Scene behorcht. Nun entdeckt er sich entweder selbst aus Ungestüm des Charakters, oder der Zufall entdeckt ihn. In beiden Fällen entrüstet sich die Gräfin aufs äuserste, sie flieht, er will sie halten, ihr nacheilen, sie spricht als Gebieterin.

Er steht verlegen, verwirrt, ärgerlich über sich selbst und doch zufrieden, daß er Megen nicht mehr als seinen Nebenbuhler weiß. Er hofft, die Gräfin, die keinen andern liebt, zu besänftigen. Er bittet jene beiden um ihr Fürwort, er will alles thun, was der Gräfin gefallen kann — (Hier kann etwas zum Vortheil Florisels geschehen)

Wie er mit der Gräfin zusammen kommt, zeigt sie sich unversöhnlich, er entschuldigt sich mit der Heftigkeit seiner Liebe, er erniedrigt sich vor ihr, sie läßt es ihn fühlen und bleibt unversöhnlich. Ihr ist dieser Anlaß zum Bruch sehr willkommen.

Ein Dritter, etwa der Kanzler, kann dazu kommen, sie erklärt in dessen Gegenwart, daß Montfort nichts zu hoffen habe, daß sie nicht mishandelt seyn wolle.]

Vereinigung der Liebenden und glückliches

Ende. Die Zurückkunft muß ein Freudengenuß, ein Fest seyn, es muß zu dem langen Streben und Ausharren ein Verhältniß haben. Oberons Schluß. Das Volk zieht den Wagen; den Verbrechern wird verziehen. Florisel begrüßt mit Rührung die bekannten Orte, ist freundlich gegen die, die vorher seines Gleichen waren, der Bischoff überreicht ihm die Insignien, er kniet nieder davor. Florisel hat in der Angst um die Gräfin ein Gelübde gethan, welches die Entwicklung auf eine interessante Art verzögert, und eben dadurch rührender und reizender macht.

Die Aremberg empfängt ihre Freundin,

— — — — — — — —

Zu erfinden ist:

1.) Wie die Gräfin mit Aremberg verschwindet.
2.) Wo sie beide in der Zwischenzeit hinkommen, daß ihre Spur sich nicht findet (Aremberg muß anstatt dadurch zu verlieren, sehr gewinnen)
3.) Was Florisel, sie suchend, unternimmt.
4.) Montforts Catastrophe.

5.) Florisels frommes Gelübbe.

6.) Erichs Ungeschicklichkeit am Anfang und Florisels Verdienst um die Gräfinn.

Florisel gelangt auf seinen eigenen Weg zu Gütern und Land und Titeln, er heißt am Ende Graf und ist der Gräfin nun an Reichthum so nahe gekommen als Aremberg, von Montforts Besitzungen nimmt er nichts an, er erlangt seine Güter auf einem viel schönern Weg.

Seine schöne **Kindlichkeit** gegen seine Mutter. Seine **Frömmigkeit und Andacht**, aber auch furchtbar und **streng** zeigt er sich einmal, wenn er Richter ist, **kühn** gegen Artois, **schrecklich** gegen Montfort.

Eine höhere Hand ist im Spiele, deren Organ ein Mönch ist, Träume und Visionen. —

Das Chevalievesfe in Florisels Erziehung.

Actus I.

1. Schloßhof. Zurückkunft der Gräfin von einer Jagd, wo bald ein großes Unglück geschehen. Jäger erzählt dem Hofgesinde die Gefahr der Fürstinn, die Sottise des Prinzen Erich, ihre Errettung durch eine muthige That des Florisel: aber eine ausserordentliche That. Freude aller sowohl über die Rettung der Gräfin, als über den Florisel, dem man den Ruhm davon am liebsten gönnt.

2. Florisel gesegnet von dem Bischoff, gepriesen von allen, kommt mit einem Schleier der Gräfin, den er bei der Gelegenheit habhaft geworden. Gräfin, die Prinzen, darunter der lächerlich vermummte Erich, treten auf. — Große Gunst des Florisel, seine Bescheidenheit und Anmuth. Er

allein ist nicht über seine That verwundert, nur über das Glück entzückt ihr gedient zu haben.

3. Geschenk des spanischen Prinzen, er vertheilt es, obgleich ohne Stolz zu zeigen, an die andern und hält sich an den Schleier der Gräfin.

4. Der Bischoff prophezeit ihm sein Glück, weil er die Gnade Gottes und ein kindliches Herz besitze. Eine kurze Erwähnung seiner Mutter und der Nothwendigkeit, in der er sich befindet, durch Verdienste seinen Weg zu machen.

Exponiert wird:
1. Erichs Albernheit.
2. Florisels Muth u. Eifer.
3. Seine Gunst bei allen.
4. Liebe aller zur Gräfin.
Almosenier.
Haushofmeister.
Hoffräulein.
Stallmeister.

1. Scene.

Schloßhof. Man hört Jagdhörner in der Ferne. Ein Jäger der Gräfin kommt und erzählt dem Hausgesinde oder Hofgesinde das Abentheuer der Gräfin auf der Jagd, welches durch eine abgeschmackte Maskerade des Prinzen von Gothland veranlaßt wurde — ihre Gefahr und ihre Rettung durch Florisel den Damoiseau der Gräfin. Alle die zuhören freuen sich und ergießen sich in Florisels Lob.

2. Scene.

Gräfin kommt in Jagdkleidern mit ihrem Gefolge, worunter Florisel ist. Man lacht über Erich, man rühmt den Damoiseau und die Gräfin giebt ihm ihr Wohlwollen lebhaft zu erkennen. Er hat sich in Besitz von etwas gesetzt [gezeigt?], das der Gräfin angehört, und was ihm unendlich werth ist. Er steht da überschüttet und überglänzt von der Gnade seiner Gebieterin. Noch scheint es nur Gnade; er der Diener und sie die Fürstin. Unter diesem Gesichtspunkte betrachten es alle und gönnen ihm, dem armen Edelman dieses Glück. —

3. Scene.

Wenn die Gräfin fort ist, kommt ein Abgeordneter von dem spanischen Prinzen, welcher dem Florisel ein reiches Geschenk von spanischen Dublonen überbringt. Der hochmüthige Prinz will dadurch daß er den Retter der Gräfin fürstlich belohnt, eine Galanterie gegen diese zeigen und seinen Stolz dadurch kitzeln. Florisel verschenkt das Goldstück unter die anwesenden Hofdiener, welche sich um ihn versammelt haben. Ihn beglückt bloß eine Kleinigkeit, die der Gräfin angehörte.

4. Scene.

Florisel hat ein Gespräch mit Rosmarin seinem alten Diener und Mentor, wodurch man in seine Herkunft und Personalien rührend zurückgeführt wird.

5. Scene.

Der Bischoff von Ypern segnet den jungen und frommen Damoiseau und verheißt ihm alles Schöne und Herrliche von der Gnade des Himmels.

6. Scene.

Gräfin von Flandern und von Megen kommen im Gespräch. Sie haben Florisels Edelmuth erfahren und loben ihn. Er antwortet groß und fürstlich, wie ein Mensch der nur von den höchsten Gefühlen belebt ist. Er wünscht ein Ritter zu seyn. Er spricht der Gräfin von seiner Mutter, sie äusert eine lebhafte Begierde sein Geschlecht zu kennen.

Erster Akt.

Erster Auftritt.

Schloßhof.

Man hört blasen. **Hofdiener** treten auf. Gleich darauf **Stallmeister**.

Hofdiener.

Hört ihr, sie sinds. Sie sind zurück vom Jagen!

Andre.

Stallmeister.
unbeschädigt
Sie lebt! Sie ist gerettet!

Hofdiener.

Wer? Was giebts?

Stallmeister.

Bald kam sie uns nicht lebend mehr zurück!

Hofdiener

Die Herzogin von Belle.

In dem Verzeichniß von Schillers Hand als 5 bezeichnet.

Ideen

zu einem Trauerspiel:

Die Herzogin von Zelle.

Aus diesem Stoff kann eine Tragödie werden, wenn der Charakter der Prinzeßin vollkommen rein erhalten wird und k e i n Liebesverständniß zwischen ihr und Königsmark statt findet.

Das tragische Interesse gründet sich auf die peinliche Lage der Prinzeßin im Hause ihres Gemahls und am Hof ihrer Schwiegerältern. Mit einem Herzen welches Liebe fodert und im Hause ihrer Aeltern einer zärtlichen Behandlung gewohnt ist sie an den Hof zu Hannover unter Menschen gekommen, welche für nichts Sinn haben als für ihre Fürstlichkeit und für die Vergrößerung ihres Hauses. Als die Tochter einer bloßen adelichen (denn ihre Mutter war nicht fürstlichen Geblüts) wird sie an dem stolzen Hof zu

Hannover mit Verachtung angesehen. Ihr Gemahl hat sie nicht selbst, viel weniger aus Liebe gewählt; bloß um die Erbschaft des Herzogthums Zelle sich nicht entgehen zu lassen hat die Churfürstin ihre Abneigung gegen ein solches Mißbündniß überwunden und die Prinzessin ihrem Sohn zur Gemahlin gegeben. Für ihre Person ist sie also unwillkommen in diesem Fürstenhaus, ihrem Gemahle der sie nicht gewählt hat und der schon in der Gewalt einer Mätresse ist, ist sie gleichgültig und wird ihm bald durch ihre Empfindlichkeit lästig.

Die Prinzessin ist in einer Lage, worinn viele ihres Standes sich befinden. Es blieb ihr also eins von diesen beiden zu thun:

Entweder sich mit Klugheit der Verhältnisse Meister zu machen, in benen sie einmal ist und folglich jene Menschen nach ihrer Weise zu beherrschen

Oder wenn sie dazu nicht den Charakter hatte, sich mit der gewöhnlichen Passivität und Ergebung in diesen Zustand zu resignieren. Eins von beiden würde jede gemeine Weltnatur gewählt haben, aber für das erste denkt sie zu stolz und zu edel, und für das zweite ist sie zu lebhaft. Sie hat im väterlichen Haus die Behandlung eines geliebten einzigen Kindes erfahren, sie ist sich ihrer Vorzüge bewußt und die Vernachlässigung, die sie erfährt, kränkt sie aufs tiefste. Und eben, weil sie eine edle Natur ist, so verschmäht sie es, sich zu der Armseligkeit der Menschen, mit denen sie zu thun hat, herabzulassen, sie pocht auf ihr Recht, sie hüllt sich bloß in ihre Unschuld und natürliche Würde, wofür jene keinen Sinn haben. Ihr lebhafter Verstand läßt ihr die Gemeinheit um sich herum lebhaft fühlen und sie schont sie nicht, dadurch aber bringt sie nur Haß und Erbitterung hervor.

Sophie ist eine edle Natur, in gemeine kleinliche herzlose Verhältnisse geworfen. Sie würde das Glück eines edeln Mannes gemacht haben, aber das Schicksal hat sie zur Gattinn eines gemeinen Alltagsmenschen gemacht, der für ihren Werth keinen Sinn hat, der in den Schlingen einer schlechten Person ist, dem jede schöne freie Menschlichkeit fremd ist.

Ihr erster Gedanke ist, da sie es an dem Hof zu Hannover nicht mehr ertragen kann sich in die Arme ihrer Aeltern zu werfen.

Diese befinden sich eben auf einem Besuch zu Hannover, wo die politische Vergrößerung dieses Hauses so eben alle Gemüther beschäftigt. Denn der Kaiser hat dem Herzog die Churwürde zugesagt und in England hat man die Herzogin von Hannover zur Succession in diesem Königreich berufen. Beide Ereignisse werden als höchst erfreulich gefeiert und ein glänzendes Hoffest ist deßhalb veranstaltet. Aber selbst dieses fröhliche Familienereigniß führt eine Kränkung der Prinzessin herbei. Denn die Herzogin von Hannover ganz von königlichen Hofnungen trunken macht ihr ein Verbrechen aus ihrer Gleichgültigkeit, und läßt ihr fühlen, daß sie sie des sie erwartenden Glücks für unwürdig halte und wirft einen beleidigenden Seitenblick auf ihre Geburt. Sophia fühlt bei dieser öffentlichen Freude nur ihr häußliches Unglück, denn eben jezt ist ihr von ihrem Gemahl und seiner Maitresse eine empfindliche Kränkung widerfahren.

Eben jezt also, wo ihr die schönsten Hofnungen zu blühen scheinen, wo das Haus Hannover dem höchsten Glanz entgegen geht, überrascht sie ihre Aeltern mit der unerwarteten Bitte, sie wieder bei sich aufzunehmen. Dieser Widerspruch ihres Zustandes mit dem öffentlichen giebt eine tragische Situation: verlassen will sie dieses Haus gerade in dem Momente, wo es das höchste Glück scheint ihm anzugehören, und ohne daß sie für Glanz und Größe unempfindlich wäre.

Ihrem Vater thut sie zuerst dieses Geständniß, und wie sie ihn unbeweglich findet, dann bestürmt sie das mütterliche Herz.

Aber ihre Mutter hat sich vergebens ihrer bei dem Vater angenommen. Der Herzog von Zelle steht unter der höhern Influenz der Churfürstinn und ist selbst gegen seine Gemahlin dießmal streng und hart. Mutter und Tochter vermischen ihre Thränen und die Prinzessin muß ihre Aeltern abreisen sehen.

Wenn diese weg sind und die Feinde der Prinzessinn über sie zu triumphieren glauben, so rafft sie sich zu einem edeln Entschluß zusammen. Sie will ihren Gemahl zurückführen, sie will ihn gewinnen oder doch von seinem Unrecht überzeugen. In dieser Absicht sucht sie ihn auf und sucht sich ihm zu nähern. Sie schmückt sich, um ihre Schönheit geltend zu machen, um ihre Nebenbuhlerinnen zu verdunkeln, um seine Eitelkeit zu reizen. Auch trägt sie wirklich einen Triumph davon, und ist nahe daran, seine Neigung zu erobern.

Königsmark wird von dem Liebespfeil getroffen, der auf ihren Gemahl gerichtet war.

Der Triumph der Prinzessin macht ihre Feindinnen nur

desto erbitterter gegen sie. Sie bringen den Churprinzen dahin, daß er seine Gemahlin empfindlich beleidigt, und gerade in dem Moment, wo sie sich ihm aufrichtig nähern wollte. Ihr Herz wendet sich nun ganz entschieden von ihm ab.

— — — — — — — — —

— — — — — — — — —

— — —

Die Handlung besteht also darinn, daß die Prinzessinn mit einer lebhaften Natur und zur duldenden Resignation weniger fähig anfangs 1) gegen ein drückendes Verhältniß strebt, und da sie umsonst versucht, einen lieblosen Gemahl zurückzuführen, weil er selbst gemein zum gemeinen hingezogen wird, da sie gerade durch ihren Widerstand dagegen ihr Verhältniß nur mehr verschlimmert, 2) es zu zerreissen und in die väterlichen Arme zurückzukehren sucht, welches wieder mislingt und durch die Maaßregeln kleinlicher Politik vereitelt wird, so daß sie 3) einen gewaltsamen Entschluß ergreift

(Ihr Unglück und ihr Fehler ist, sich entweder nicht mit gemeiner Klugheit der Verhältnisse Meister machen oder nicht mit gemeiner Paſſivität und Ergebung darein ſchicken zu können.

Eins von beiden würde jede gemeine Weltnatur gewählt haben, aber ihr Gemüth iſt nicht von dieſer Art. Sie hat im väterlichen Hauß die Behandlung eines geliebten einzigen Kindes erfahren, ſie war die Liebe der Menſchen,

— — — — — — — —

Kurz ſowohl ihre ſchöne edle Natur widerſtrebt dieſem Zuſtand, als auch ihre verzeihliche Eigenliebe und ihr Stolz können ſich nicht leidend darein ergeben. Dazu kommt, daſs eine beredte Zunge, die ihrer Hofdame und noch mehr die ihres Freundes ihren Unwillen ſchüren.

Sie muß aber auch etwas zu erleiden haben, was ſich ſchwer ertragen läßt.)

— — — — — — — —

Der Fürſtenſtolz des Churprinzen kehrt ſich auch einmal gegen ſeine Maitreſſe, und er ſagt ihr einige harte Dinge, indem er ſie neben ſeiner Gemahlin herabſezt. (Indem die Mätreſſe des Chur=Prinzen von ihm beleidigt iſt, iſt die Buhlerin des Churfürſten von dem Königsmark beleidigt worden. — Davon, daß beide Schweſtern ſich in Vater und Sohn theilen, iſt auszugehen. Sie werden dadurch unüberwindlich.)

Aber er kann sich darum doch aus dem Netz der Buh=
lerin nicht loswickeln, weil sie seine ganze Schwäche kennt
und zu benutzen weiß. Sein beharrlicher Charakter ist für
sie bloß die augenblickliche eble Anwandlung gegen sie. Hin=
gegen ist bei der Prinzessin der beharrliche Charakter edel
und nur die augenblickliche Anwandlung zuweilen weibliche
und menschliche Schwäche.

Interessant ist die anfangende Neigung des Prinzen
zu seiner Gemahlin, von der sie nichts ahndet. Er verliert
das schöne Glück, dessen er nicht werth ist und fällt zu
der Bulerin zurück, was er werth ist.

Die Catastrophe muß das Gefühl des unherstell=
baren geben. Entschiedene Verachtung der Prinzessin gegen
ihren Gemahl. (Er hat eine Krone gewonnen, aber er
hat ein ebles Herz verloren. Entweder bin ich seiner nicht
werth oder er nicht meiner.)

Die Prinzessin von Zelle.

Der Herzog von Hannover   Ernst August
Der Erbprinz.   Georg
Die Herzogin von Hannover.   Sophia.
Die Erb=Prinzessin.   Sophia Dorothea
Der Herzog von Zelle.   Georg Wilhelm
Die Herzogin von Zelle.   Madam d'Olbreuse.
Der Graf von Königsmark.
Der Graf von Platen.
Die Gräfin von Platen.
Die Baronesse von Moltke.
Die Gräfin von Wick.
(Gräfin Platen und Churfürst.
Churfürstin und Herzog.
Herzog und Herzogin.
Churprinz und Gräfin Platen.

Scenen der Churprinzeß

1) mit dem Churprinzen *
2) mit der Churfürstin *
3) mit ihrem Vater *
4) mit ihrer Mutter *
5) mit Königsmark *
6) mit demselben
7) mit demselben *
8) mit der Baronesse
9) mit derselben
10) mit Graf Platen *
11) mit dem Churfürsten
12)

Scenen Königsmarks

1) mit der Gräfin Platen.
2) mit dem Churprinzen.
3) mit der Baroneß.
4)
5) 6) 7) mit der Prinzessin.)

Nachricht von der Eröffnung der englischen Thronfolge macht das Hauß Hannover schwindeln.

Versuch der Prinzessin ihren Gemahl zu gewinnen schlägt fehl.

Eine zweite Hofnung bleibt ihr, sich von ihm zu trennen und ihren Eltern in die Arme zu werfen, schlägt fehl.

Ihre letzte Reßource ist endlich mit Hülfe des Grafen von Königsmark in ein Kloster in *** zu fliehen, schlägt auch fehl, weil sie in ihn als ihren einzigen Freund gezwungen ist ein Mistrauen zu setzen. Aber nicht genug, daß sie sich in ihrer Hofnung getäuscht sieht, dieser Schritt den sie in aller Unschuld gegen Königsmark gethan stellt sie dem Schein der Schuld bloß, und führt einen unglückseligen Eclat herbei, der ihren Ruf vor der Welt zu Grund richtet.

(Sie ist also ganz hülflos und ihr Schicksal wird vollends tragisch, daß das Mittel, welches sie zu ihrer Rettung erwählt, zu ihrem Untergang ausschlägt.)

Sophia von Cleve eine eble Natur ist eigennützigen Absichten zu gefallen mit einem herzlosen Fürsten und einer stolzen seelenlosen Fürstenfamilie zusammen geknüpft worden, wo man sie ganz verkennt, geringschäzt und unerträglich vernachlässigt. Um ihre Erbschaft das Herzogthum Celle nicht um ihre Person war es zu thun; man sieht auf sie als auf eine Roturiere herunter und möchte sich ihrer lieber gar schämen, da man auf seinen alten Fürstenadel dumm stolz ist, und königliche Hofnung auf die Englische Krone richtet, welche gerade in dem Moment der Handlung ratifiziert worden.

Von den Hauptpersonen verachtet, sieht sie sich verlassen von den Höflingen und insultiert von den frechen Buhlerinnen ihres Gemahls und ihres Schwiegervaters. Sie kennt ihre Pflichten und ob sie gleich ihren Gemahl nicht aus Liebe wählte, so ist es ihr doch ein Ernst, ihm zu leben und den Nahmen seiner Gattinn im ganzen Umfang zu verdienen.

Die rührende Situation ist, daß sie sich mit einem gewissen Feuer von Vertrauen und Freundschaft an den Grafen Königsmark anschließt, der sie liebt und ihrer nicht werth ist — daß sie, in größter Unschuld, sich dem schwersten Verdacht mit ihm aussezt und der unwiderleglichste Anschein von Schuld auf sie fällt, indem sie rein ist wie die Unschuld.

(Nach der Mishandlung, die sie von dem Churprinz erfahren, ist ihr Herz ganz von ihm abgewendet. Aber gerade jezt fängt das seinige an, sich ihr zuzuwenden. Die

Schaam, das Mitleid, die Reue thun diese Wirkung. Doch da sie weit entfernt ist dieß zu ahnden, so benuzt sie diesen Moment nicht und ihre Feindinnen haben Zeit, ihn fruchtlos zu machen. — Auch die junge Prinzeß kann dazu bienen, den Vater zu rühren.)

Den Churprinz incommobieren ihre Ansprüche auf sein Herz. Er meint sie habe genug, daß sie seine Hand und seine Würde besitze. Er hat sie ohne Neigung geheurathet.

Nachher aber wirft er sich doch sein hartes Betragen vor, und glaubt, ihr zuviel gethan zu haben. Diese Stimmung ist ihren Feinden, der Familie Platen, gefährlich und sie müssen alles anwenden um eine Versöhnung unmöglich zu machen. Jezt bedienen sie sich des Motivs der Eifersucht, denn da er anfängt eine gewisse Neigung für die Prinzessin zu fühlen, so ist er auch der Eifersucht desto fähiger.

Wehmuth der Prinzessin, wenn sie ihre Eltern fortreisen sieht.

Jezt ist sie ganz ihren Feinden Preiß gegeben und muß ihren Hohn, ihren Triumph erfahren.

(Maitresse des Prinzen Georg ist weniger thätig, nicht

sie ists welche von der Prinzessin am meisten gehaßt wird. — Prinz Georg ist abwesend, wenn K. ermordet wird.) Erst nach der Abreise ihrer Aeltern hat sie den Auftritt mit ihrem Gemahl. Sie will noch einen Versuch machen ihn zu gewinnen, aber sie wählt einen bösen Augenblick. (Eine Scene wo jemand versteckt ist und anhört, was ein andrer sagt.

Eine Scene, zu welcher jemand kommt und die lezten Worte hört.

Ein Zweykampf.

In Hannover ist um diese Zeit eine Conspiration.

Hannover ist noch kein Curfürstenthum.

Merkmale eines ungnädigen Empfanges.

Kann und darf eine Nebenhandlung eingemischt werden, und wenn dieses ist, soll sich die Haupthandlung zu ihr groß oder klein verhalten?

———————

Königsmark kommt erst im Verlauf des Stücks zu der Handlung hinzu, und bleibt dann bis zu seinem Tod.

Prinz Georg ist anfangs da und zulezt abwesend.

Ganz am Schluß, nach Königsmark's Tod, kommt er zurück.)

Prinzeſſin hat einen großen Skrupel über die nächt=
liche Zuſammenkunft, die ſie dem Königsmark bewilligt.

Geſchichte mit dem nachgemachten Billet. NB.

Königsmark will die Prinzeſſin bewegen, noch in der
nehmlichen Nacht ſich zu flüchten. Seine heftige Leidenſchaft
ſchreckt ſie und die Binde fällt ihr von den Augen.

Damit die Geſchichte raſch zu einer Cataſtrophe ſich
abrolle, muß gleich anfangs ein lebhafter Stoß hineingebracht
werden, es muſs alles gleich ſo anfangen, daß eine Criſe
erwartet wird.

Gleich die erſte Scene muß leidenſchaftlich und ent=
weder ſelbſt That oder doch unmittelbare Wirkung davon ſeyn.

Das ſchlimme Verhältniſs der Ehegatten exponiert ſich
ſchnell, aber zugleich müſſen ſich mehrere andre Verhältniſſe
exponieren, dafs man in ein raſches und reiches Leben ſo=
gleich verſezt wird.

Politiſche Vergrößerungs Plane (die Churfürſtenwürde
und die engliſche Succeſſion) der einen Parthei und auf der
andern der Familienverdruß. Churfürſtin hat beide sur le bras.

(Die Churfürſtin hat noch anderen Kummer.)

Sind die Aeltern aus Zelle ſchon in Hannover oder
kommen ſie erſt an, während des Stücks?

Indem die Hannöverischen ihr Haus zu erheben beschäftigt sind, strebt die Prinzessin hinweg, weil sie es nicht mehr darinn ertragen kann. Die Aeltern aus Zelle, besonders der Vater, freuen sich der künftigen Erhebung ihrer Tochter und zu ihrem Erstaunen und Schmerz will sie ins väterliche Haus zurück.

Prinzessin will anfangs ihren Eltern nicht die Confidence machen, sondern ihren Verdruß allein tragen, aber es wird zu arg und ihre Empfindlichkeit ist stärker als ihr Entschluß zu schweigen. Noch in Anwesenheit der Aeltern erfährt sie eine ihr unerträgliche Begegnung.

(Warum kann sie es nicht mehr ertragen? Wegen

1) der Kälte ihres Gemahls,

2) der Impertinenz der Buhlerinnen,

3) der stolzen Zurückhaltung der Churfürstin

4) die Gräfin Platen bietet der Prinzessin etwas ganz unerträgliches.)

— — — — — — — —

Königsmarks erster Auftritt muß aufs höchste prægnant und dramatisch seyn. Er ist eine chevalièreſſe großmüthige und feurige Natur, der sich aber doch zu sehr in seiner Rolle gefällt, und der zum bloßen Freund und Helden zu zärtlich auch zu eitel ist. (Unfähigkeit des Ritters, seine Freundin durch Muth zu befreien.)

Er tritt später in die Handlung ein, wenn die Aeltern aus Zelle schon weg sind, wenn die Prinzeß schon den vergeblichen Versuch auf ihren Gemahl gemacht hat, kurz, wenn sie das höchste Bedürfniß eines Freundes empfindet.

Prinzeß zeigt das muthige Streben eines freien Charakters gegen Bornirtheit und Gemeinheit.

(Stationen also sind:

1. der Vater
2. die Mutter.
3. der Prinz.
4. der Herzog.
5. die Herzogin.
6. die Maitresse.
7. Königsmark.)

Prinzessin stellt dar eine edle Natur, welche gemeinen Verhältnissen und Absichten aufgeopfert worden, sich mit allen Waffen der Unschuld und Natur dagegen vergebens wehrt, und

---

Vorzüglich ist auf eine dramatischere Catastrophe und einen ächt tragischen Ausgang zu denken, wo Unglück und Größe vereinigt sind. Die schlechten Menschen triumphieren, aber Unschuld und Seelenadel bleiben doch ein absolutes Gut. Das Edle siegt, auch unterliegend, über das Gemeine und Schlechte.

Die höchste Verlassenheit und Einsamkeit der Prinzessin, die nun nichts mehr hat als das Bewußtseyn ihrer Unschuld und die Würde der Tugend.

Die Churfürstin erscheint der Prinzessin in einem Augenblick als eine hilfreiche Freundinn, wo sie sich ganz verlassen sah. Sie irrt sich aber, wenn sie etwas von dem Herzen der Churfürstin hofft, die nur für die Verhältnisse handelt. Auch diese Täuschung ist tragisch.

Unter diesen Umständen ist Königsmark für die Prinzessin eine sehr gewünschte Erscheinung. Sie kannte ihn schon an ihres Vaters Hof, es ist ein freundschaftliches Vertrauen zwischen ihnen, sie weiß sich von ihm verstanden, sie ist seines Antheils gewiß. Deßwegen erblickt sie ihn mit einem gewissen Grade von Leidenschaft. Ein solcher Freund ist es ja, der ihr längst gefehlt hat.

Ihr Entschluß steht fest, Hannover zu verlassen, alle Bande sind los die sie halten können. Aber zur Ausführung bedarf sie eines Freundes der Muth und Klugheit besizt.

Königsmark findet die Prinzessin schöner als je und in einer leidenschaftlichen Bewegung. Das Feuer mit dem sie seine Erscheinung ergreift, entzündet ihn

— — — — — — — — — —

Königsmark wird durch die Liebe an den Hof zu Hannover zurückgeführt.

Die Beleidigung, welche seiner geliebten Prinzessin von ihrem Gemahl geboten wird reizt seine chevalereste Gesinnung, er will den Erbprinzen deßwegen zur Rechenschaft ziehen. Eigenes Verhältniß des freien Edelmanns zum Fürsten. Er ist nicht hannöverischer Diener.

— — — — — — — — — —

Ein Maskenball ist einzuführen, auf welchem Irrungen möglich werden. Die Prinzessin verkleidet sich auf demselben zweimal und hat mit ihrem Gemahl, ohne daß er sie kennt, eine Scene.

Gräfin Platen kommt mit Königsmark zusammen. Königsmark sucht ein Tête a tête mit der Prinzessinn.

Worinn besteht die Beleidigung, die der Prinzeßin von ihrem Gemahl und von den Maitressen widerfährt?

Es wird ihr einmal verboten an einem gewissen Ort zu erscheinen, jemandes Besuch anzunehmen, einen gewissen Schmuck zu tragen.

Eine Person, welche sie beschüzt, wird beleidigt.

Ein unschuldiges Vergnügen wird ihr verkümmert.

Sie sieht sich deseriert

Da es dieser Geschichte an einem prægnanten dramatischen Momente und überhaupt an sogenannten äusern Handlungen fehlt, so sind diese zu suchen und aus dem Stoffe heraus zu wickeln.

Vor allen Dingen muſs die Handlung prægnant und so beschaffen seyn, daß die Erwartung in hohem Grade gespannt und bis ans Ende immer in Athem gehalten wird. Es muſs eine aufbrechende Knospe seyn, und alles was geschieht muſs sich aus dem Gegebenen nothwendig und ungezwungen entwickeln.

Daher müssen alle Parthien in höchster Einheit verschlungen seyn und alle bewegenden Kräfte auf einen einzigen Punkt hin drücken.

Alles steht in Correlation..

Die königliche Hofnung und die niedrige Abkunft der Prinzessin.

Die zwey fürstliche Gattinnen, nehmlich die Herzoginnen.

Die zwey Mätressen.

Der blühende Königsmark und der alte Herzog.

Der feurige Freund und der kaltsinnige brutale Gatte.

(Dramatische Scenen wären:

Der anscheinende Triumph der Prinzessin.

Ihre Scene mit dem Churprinzen und erlittene Miß=handlung.

Vergeblicher Versuch auf das Herz ihres Vaters.

Rührende Scene mit ihrer Mutter.

Königsmarks leidenschaftliche Aufwallung.

Königsmarks letzte Scene, wo er ihr seine Liebe zeigt.

Scene nach dessen Ermordung und Arrestation der Prinzessin.

Scene des Herzogs mit der Herzogin, wo es nahe zu einem Bruch kommt.

Churfürstin und Prinzessin erklären sich über Fürstenehen

Erwachende Neigung des Churprinzen zu seiner Ge=mahlin.

Erweckte Eifersucht desselben.

Zurückkunft des Churprinzen.

Eine Cour oder kleinere Aßemblee, den Abend vorher ehe Königsmark die geheime Zusammenkunft mit der Prinzessin hat. In dieser Gesellschaft fragen ihn ihre Augen, ob alles zu ihrer Flucht veranstaltet.

Prinzessin	Jagemann †	Fleck
Königsmark	Oels	Bethmann
Churfürstin	Teller †	Meiern
Herzogin	Becker †	Böhm
Herzog	Malcolmi	Labes
Erbprinz	Cordemann	Beschort
Churfürst	Graff	Böhm.
Fr. v. Platen		
H. v. Platen	Heide †	
Fr. Moltke	Silie †	

Das Haus Hannover ist im Emporstreben, es hat Hofnung auf die Thronfolge in England, und in Deutschland geht es der Churfürstenwürde mit starken Schritten entgegen. Dazu bedarf es aber der Vergrößerung und es kommt doppelt darauf an, alle Besitzungen des Hauses Hannover und Zelle, welche zu trennen von andern gearbeitet wird, zu vereinigen.

Die Herzogin betreibt die englische Succession, der Herzog ihr Gemahl das Churfürstenthum.

Die Mätressen betreiben ihre Angelegenheiten, Prinz Georg jagt und alles ist in Bewegung, während daß die deserierte Prinzessin sich abhärmt.

Prinzessin Sophia ist aus politischen Absichten in dieses stolze Fürstenhaus hineingeworfen, dem sie gleichgültig ist und nur als ein nothwendiges Uebel aufgenommen worden.

(Die zurückgesezte Gemahlin, die beleidigte Frau, die gereizte Fürstinn stellen sich in der Prinzessin dar.

Gräfin Platen muß eine Ursache haben, der Prinzeß übel mitzuspielen, sie muß von ihr beleidigt sein

―――――――――――

Die Volksliebe zu der Prinzessin wird auf eine muthige und rührende Art laut, bei ihrem Unglück.

Sie hat noch einen standhaften Willen in ihrem lezten Abschied, den sie durchsezt.

(Ungewißheit über Königsmarks Schicksal. Georgs Zurückkunft nach Hannover.)

Von der Arretierung der Prinzeſſin an bis zum Schluß des Stücks verſtreicht noch einige Zeit.

Trennung von der Baroneſſe, von ihrem Kind ſoll ſie nicht mehr Abſchied nehmen, Trennung von ihrer Dienerſchaft, welche ſie beſchenkt — Frohe Trennung von den verhaßten Mauern.

Ein Portrait, welches ſie zurückläßt. Es iſt von ihrer Mutter.

Wenn die That geſchehen, in derſelben Nacht kann der Churprinz zurückkehren. Er iſt unwillig über den Eclat der Sache; aber jene Kaltſinnigkeit und Gravität, die ihn als Menſch und Gatte Mangel an Empfindung zeigen ließ, hat nun auch wieder das Gute, daß ſie ihn das Gewaltſame verabſcheuen lehrt.

Doch will er ſeine unglückliche Gemahlin nicht mehr ſehen, er willigt in ihre Einſperrung, denn er hält ſie für ſchuldig, wenigſtens einer zu großen Begünſtigung des Grafen. Dieſen haßt er.

Es iſt ein Charakterzug der Herzogin von Hannover, daß ſie ihre Schwiegertochter verachtet und ihr doch mit einiger Zartheit begegnet.

Dieses thut sie, aus Achtung gegen sich selbst, aus einer gewissen vornehmen Gesinnung, auch aus Mitleiden.

Zuweilen will auch die junge Prinzessin ein Herz zu ihr fassen, aber dann findet sie die Herzogin immer kalt und verschlossen und ihr aufwallendes Vertrauen sinkt sogleich wieder.

Herzogin von Zelle antwortet ihrer Tochter, (welche sagte, daß sie, die Herzogin, doch durch Liebe sei beglückt worden, daß ihr Mann ihr den Fürstenhut zu Füßen gelegt habe) sie sehe an ihrem Beispiel, daß Heirathen der Liebe doch nicht glücklich enden, daß sie, die Herzogin jezt eine ganz andere Begegnung von ihrem Gemahl erfahre — dulden sei des Weibes Loos, es sei doppelt das Loos der Fürstentöchter.

(Charactere also sind.

1. Die Prinzessin.
2. Der Graf.
3. Die Herzogin von Hannover.
4. Die Gräfin Platen.
5. Der Prinz.
6. Der Herzog von Hannover.
7. Der Herzog von Zelle.

8. Die Herzogin von Zelle.
9. Graf Platen.
10. Fräulein von Moltke.
11. Prinz Max.
12. Gräfin Wick.)

Rosamund

oder die

Braut der Hölle.

Rosamund, oder die Braut der Hölle.[1]

Ein junger schöner zärtlicher Ritter hat Rosamunden lange geliebt, alles an sie verschwendet, ihr alles geopfert mit treuer reblicher Zärtlichkeit; sie hat ihn anfangs aufgemuntert, ihm Gegenliebe gezeigt, Hofnung gemacht, sie zu besitzen.

Aber ihr Herz ist eitel, lieblos, gefühllos, sie liebt nichts als sich selbst, sie will nur glänzen, nur verehrt seyn und weiß ein treues Herz nicht zu schätzen.

Sie hat schon viele Männer hintergangen und zur Verzweiflung gebracht. Man haßt sie,

Rosamund.
Agnes.
Mathilde.
Roger.
Florisel.
Grimoald.
Der Baumeister mit der Leier.
Der Gärtner.
Der Schatzmeister.
Der Stallmeister
Der Marschall,
Truchseß, Mundschenk.
Der Admiral.

———

Handlung.
Der sterbende Ritter,

---

[1] Wie aus dem Text des Entwurfs hervorgeht, gehört dieser, strenge genommen, nicht unter den „dramatischen" Nachlaß, da der Stoff Gegenstand einer „Ballade" werden sollte. Da indeß die Einreihung unter die dramatischen Entwürfe von Schiller selbst hervorrührt, führen wir die Skizze in der ihr angewiesenen Reihenfolge auf.   D. H.

Die entzweiten Freunde.
Die getrennten Liebenden.
Die Botschaft des Dämons.
Die Ankunft desselben.
Die Warnung.
Die Künste des Dämons.
Die Catastrophe.
Die böse Rathgeberin.
Der Engel.

Sie geräth durch die Schmeicheleien des Dämons in eine wahre Trunkenheit, daß sie ganz schwindelt und blind und dumm wird, und alle die groben sichtbaren Schlingen nicht sieht.

Wenn der Ritter, welcher ihr seine eigene Geliebte aufgeopfert, nun kommt, um von ihr den Lohn zu erhalten, ist sie schon gleichgültig gegen ihn geworden, und von dem Glanz des neuen Freiers geblendet.

aber die Männer können ihrer Schönheit nicht widerstehen.

Ihr Sinn ist grausam aus eitler Selbstsucht. Kein Opfer rührt sie, kein noch so edles großmüthiges Betragen; um ihre Eitelkeit zu vergnügen kann sie Blut fließen sehn, wenn nur ihren Reizen gehuldigt wird. Die Unglücklichen die sie gemacht, zieren nur ihren Triumphwagen.

Famagusta — Majorca.

Es muß etwas ausgedacht werden, wodurch Rosamunds Rolle die Gunst gewinnen kann. Als Sängerin kann es durch Gesang geschehen, als Schauspielerin

Der Unwille gegen Rosamund muß durch ihre kalte Grausamkeit gegen einen liebenswürdigen Ritter, durch seinen schmerzhaften verzweiflungsvollen Untergang und ihre Fühllosigkeit dabei aufs Höchste gereizt werden.

Aufs äuserste von ihr verhöhnt und ver=
rathen liebt er sie dennoch und stirbt liebend,
obgleich sein Tod ihr Werk ist.

Dieß ist der Eingang in die Ballade. Un=
mittelbar von seinem Tode kommt man in das
taumelnde Brautfest, wo alles glänzt und prangt
und sich tobend erfreuet.

Nachdem sie unzählige Liebhaber getäuscht
hat, tritt endlich ein Prinz auf, reich, schön,
mächtig kurz mit allem ausgerüstet, was ihre
Eitelkeit reizen kann. Er zeigt ihr weder Liebe
noch sonst irgend eine liebenswürdige Eigenschaft;
er gewinnt bloß ihrem eiteln Sinne durch Schmei=
chelei, durch seine äusern Vorzüge, keine Spur
eines fühlenden Herzens. Er will sie bloß be=
sitzen. Diesem giebt sie den Vorzug.

Sie hört, daß es irgendwo eine grö= ßere Schönheit gebe, das bringt sie zur Verzweif= lung.

Er befriedigt ihre ungeheuersten Wünsche,
sie kann nichts so phantastisches ersinnen, das er
nicht gleich ins Werk sezte, er hat einen unge=
heuren Comitat, Juweelen, Gold, kunstreiche
Tänzer, Baumeister; der Betrug ist so grob,
daß alle ihre Diener böses ahnden, aber ihre

Eitelkeit macht sie so verstockt, daß sie alles glaubt.

Sie fragt ihn nach seinem Königreich, er beschreibt ihr verdeckt die Hölle, sie merkt es nicht. Seine Antworten sind räthselhaft, aber ahndungsvoll daß sie Schrecken erregen; alles wird durch Schmeichelei wieder zugedeckt..

Mitten in ihrem höchsten Taumel den Augenblick vorher, ehe die Ringe gewechselt werden (das durch eine furchtbare Formel geschieht) wird sie von einem himmlischen Geist, dem ihres kurz zuvor abgeschiedenen Liebhabers gewarnt. Sie kann gradatim gewarnt werden und immer vergebens, weil der höllische Freier immer etwas ausfindet, wodurch ihre Eitelkeit geblendet wird.

welche Ströme darinn fließen, wie groß es sei, wo es liege. Durch die Gefühle die sie einflößt wird sie immer wieder interessant gemacht, bei allem empörenden ihrer Selbstsucht bleibt doch das Schöne lieblich — der Zauber ihrer Person fängt immer von neuem an. Der treue Ritter, den sie seiner Geliebten entführen will, hält sich von ihr geliebt. Ihre Schönheit hat nicht auf ihn gewirkt, aber ihre Empfindung. So wie er Hofnung hat liebt er sie.

Der Bräutigam macht solche Bedingungen, die nur durch Verläugnung alles menschlichen Gefühls erfüllt werden können. Sie erfüllt sie, die Natur empörend.

Mit kaltem Herzen sieht sie zwei Ritter* um ihrentwillen auf Leben und Tod kämpfen.

* welche Freunde oder Brüder sind.

Ein andrer ist bei einer gefährlichen Unternehmung umgekommen, die sie ihm auftrug.

Sie fordert etwas unmögliches von ihren Freiern, bloß um eine Caprice zu befriedigen; ein Traum gab es ihr ein.

Geschichte mit dem Spiegel.

Alle, die im Gefolg des Bräutigams sind, haben ein bedenkliches Abzeichen.

Die Ballade handelt von dem prägnanten Moment der Catastrophe, und das Vorhergehende muß daraus wiederscheinen.

Der sterbende Ritter und sein treuer Knappe.* Dieser lezte verflucht die Schöne und nennt ihre Grausamkeiten. *

* ein Fräulein, das den Ritter liebte und um der Grausamen willen von ihm verschmäht war, erweist ihm die lezten treuen Dienste.

Darf noch ein zärtliches Weib eingemischt werden, das mit ihr contrastiert? eine von ihren Fräulein, deren Liebhaber für die Tigerin entbrennt und seiner treuen Geliebten untreu wird.

Es muß eine Gradation der Unmenschlichkeiten seyn, und das Maaß muß sich stufenweise vollenden. Eine sehr tragische Geschichte ist als Episode eingewebt; sie rührt das Herz mit schönen Empfindungen und erfüllt die poetische Forderung, das Ganze des Gemüths zu bewegen.	Rosamund ist nur eitel, aber sie ist es so ganz, daß diese Selbstsucht alle andern Empfindungen in ihr ertödet und alle Greuel erzeugt. Diese Einheit der Quelle und diese Allheit der daraus entspringenden Laster zu zeigen ist die Aufgabe — Leben und Tod der Menschen ist ihr nichts, wenn es auch nur das kleinste Opfer ihrer Eitelkeit kostet. Ein Fräulein, dem sie den Liebhaber raubte, thut einen Fußfall vor ihr, um nur eine geringe Gunst für den sterbenden Geliebten von ihr zu erhalten; aber vergeblich, denn sie müßte sich einen Genuß ihrer Eitelkeit versagen.

Rosamund hat noch einen Vater, der die Eitelkeit seiner Tochter verabscheut. Auch an ihm frevelt sie, gleichfalls nur aus Eitelkeit, und tritt die Gefühle der Natur, die kindliche Pflicht mit Füßen.

Sie ist Zuschauerin eines blutigen Zweikampfs, den zwei Freunde um ihrentwillen miteinander halten. Der Sieger ermordet sich selbst mit Verwünschungen ihrer Schönheit.

Sie ist neidisch über eine glückliche Liebe, es ist ihr unerträglich, daß ein Ritter ihren Reizen widersteht und eine andre ihn erobert.

Sie hat Schwestern, ihre Familie.
Sie wird zu einer Wahl gedrängt. Was ist sie? Wo geht die Handlung vor?

Einer kommt ihrentwegen um, den sie verschmähte.
Einer wird von ihr verlassen, um des Ritters willen.
Der Ritter wird von ihr seiner Geliebten untreu gemacht.
Der Ritter verläßt sie um des fremden Freiers willen, der sich schon angemeldet. Um den fremden Freier zu gewinnen opfert sie noch das Heiligste und tritt alle Gefühle der Natur mit Füßen. Sie nöthigt einen Freund den andern zu töden.

Alle Lockungen versucht sie, diesen zu fangen, es gelingt ihr, ihn untreu zu machen, seine Geliebte kommt dadurch in Verzweiflung, aber wie sie ihren Zweck erreicht hat, täuscht sie ihn und verhöhnt seine Liebe.

<small>Sie entschleiert in dem entscheidenden Augenblick ihre ganze Schönheit.</small>

Gespräch der Grausamen mit ihrer Zofe. Sie weint für Zorn, daß ein Mann ihr widerstehen kann. Auch gegen ihre treue Dienerin hat sie kein Herz.

Silbenmaaße

Wer zeigt sich dort? Wer bringt heran?
Mit ehrnem Panzer angethan?
Wer bringet durch die finstre Nacht,
Als käm er aus der Todesschlacht?
Es ist mein Freund,
Die Seele weint,
Er kommt, er kommt in finstern Nächten
Das nie gelößte Band zu flechten.

Wer zeigt sich dort? Wer naht sich stumm?

Mit finsterm Angesichte?

Es flammt und schwirrt um ihn herum,

Ein grauend ernstes Heiligthum,

Und nie erhellt vom Lichte!
Bleibt vereint!
Fließet Thränen, Augen weint!

Ewge Klage töne!

Bei dem Schatten wohnt der Freund,
Sonne scheint
Hin ist seine Schöne!

Eine Jagd.
Ein Einsiedler.
Wilde Thiere.
Das wüthende Heer.
Der Riese.
Die Bildsäule.
Die Harpyjen, die Vögel.
Die herausfahrenden Flammen.
Wolken, Wagen.
Illumination u. Transparent.
Versenkungen.
Tempel, Gärten, Palläste.
Meereswogen u. Wasserwerke.
Farben-Erscheinungen.
Gespenster. Larven.

Alles in dem Stück muß leidenschaftlich seyn, man muß nie zur Reflexion kommen.

Es muß sich gleich wie der Don Juan, mit einem Lezten und Höchsten, eröfnen.

Rosamund muß bei ihrer ersten Erscheinung Gunst gewinnen.

Die Zwergin oder die Mohrin. Sie ist ein Dämon und verführt die Rosamund. Sie hat aber auch einen guten Engel, der ihr aber durch seine Wahrheit verhaßt wird, und unermüdlich zurückkommt, bis er sie ganz verläßt.

Wenn Rosamunds Schicksal entschieden ist, so folgt noch etwas liebliches, schönes, reines, und der Zuschauer wird mit einem erfreulichen Eindruck entlassen. Eine gefühlvolle Schönheit, ein gutes Mädchen, auf welche Rosamund eifersüchtig war, und der sie den Tod bereitet hatte, bleibt übrig und erhält den Lohn ihrer Unschuld.

Der Sänger.

———

Elfride.

Wann Ethelwold seiner Gemahlin die Entdeckung des gespielten Betrugs macht — gesezt daß Er sie machte — so muß es in einem Moment geschehen, wo diese Eröffnung die fatalste Wirkung thut und die höchste tragische Furcht erweckt.

Der Reiz Königin zu werden und durch Schönheit sowohl als Größe alle andre zu überstrahlen, wirkt um so mächtiger, da Elfride die Eingeschloßenheit schon müde * ist. Aller Pflichten * und gegen den Gemahl glaubt sie sich quitt, seines Raubes wegen.

Fragt sich nun, hat sie ihn geliebt, hat sie ihn nur als Mittel zu einem andern Zweck gebraucht (ohne es nehmlich selbst zu wissen)

Ist das leztere, wo liegt denn alsdann das tragische?

Die Eitelkeit ist grausam und ohne Liebe.

Ist sie selbst dabei geschäftig, dem König bekannt zu werden oder auch nur aus weiblicher Eitelkeit nicht ganz ohne Antheil daran?

Ethelwolf fürchtet mehr den Verlust seiner Gattinn als seines Lebens. Die Eifersucht muß in ihm so heftig seyn, daß sie mit der Heftigkeit seiner Leidenschaft übereinstimmt, welche nöthig war, um ihn zu dem Betrug zu verleiten.

Situationen sind:
1) Wie er ihr das Geheimniß entdeckt.
2) Ihre Zusammenkunft mit dem König.
3) Seine Eifersucht und Verzweiflung.
4) Königs Ankunft auf dem Schloß.
5) Königs Leidenschaft.
6) Elfride hält es mit dem König gegen Ihn.
7) Athelwold aufgeopfert.
8)
9)
10)

Elfride.

Das Tragische beruht auf Ethelwold und nicht auf der Elfride. Er wird unglücklich durch Leidenschaft und Verhängniß, sie aber folgt bloß ihrer Natur. Ethelwold ist schön, jung, leidenschaftlich, glänzend und mächtig, also mußte er der einfachen, eingeschlossenen, wenig Ansprüche machenden Elfride gefallen. Er ist der erste Mann den sie eigentlich kennt und ihre Empfindung für ihn ist Vergnügen aber keineswegs Liebe.

Dieser Leichtsinn, diese Selbstsucht stellen sich gleich anfangs dar; man sieht, daß die Liebe ihr nicht alles ist, daß also die Person ihres Gemahls ihr doch gewißermaaßen gleichgültig ist, und das, was Er ihr ist, sich leicht auf einen andern übertragen läßt.

Anfangs sieht man beide in einem scheinbar glücklichen Zustand und in völligem Einverständniß, was eine glückliche Wechselliebe scheinen kann. Elfride lebt auf dem Landsitz ihres Gemahls, in einer mäßigen Entfernung von dem königlichen Hoflager, aber in tiefster Abgeschiedenheit. Noch hat sie keine eigentlichen Wünsche ausser den Besitz ihres Gemahls, aber doch ein gewißes unbestimmtes Verlangen, den Hof zu sehen, sich auch von andern bewundern zu lassen ihrer Schönheit wegen, sich beneiden zu lassen ihres Gemahls wegen. Dann beunruhigt sie auch diese sorgfältige Einschließung und die Aengstlichkeit ihres Gemahls, sie vom Hof entfernt zu halten und es regt sich einige Eifersucht. Auch das Nitimur in vetitum wirkt; eben darum möchte sie ihn an den Hof begleiten, weil er es nicht wünscht.

Weil seine Besuche mit Schwürigkeit und Heimlichkeit verbunden sind, so haben sie dadurch einen gewißen Reiz mehr und nähern sich mehr den Bewerbungen des Geliebten, mehr dem Raube als dem Besitz.

Er hat eine vertraute Person um seine Gemahlin, welche über Befolgung seiner Befehle zu wachen hat. Alter Diener.

Welche Gründe führt er ihr an wegen ihrer Entfernung vom Hoflager? Sie wird aber nicht dadurch befriedigt.

Eine junge Person ist um sie, welche ihr den Reiz des Hoflebens schildert, und sie gegen ihren Gemahl aufhezt.

Könnte sie nicht mit dem König einmal unvermuthet zusammen kommen, ohne ihn zu kennen?

Wie wird dem König Athelwolds Verrätherei entdeckt; durch Zufall oder durch Intrigue seiner Neider?

Liebe des Königs für den Athelwold ist sehr feurig und charakterisirt ihn als eine passionierte Natur — Auch wird dadurch Athelwolds Verrätherei desto crimineller.

Elfride meldet ihrem Gemahl höchst vergnügt die angekündigte Erscheinung des Königs.

Zwei höchst leidenschaftliche Männer, davon

der eine mit dem Recht des Gatten, der andre mit der absoluten Gewalt ausgerüstet ist, collidieren in der Liebe zu einer schönen aber eiteln und lieblosen Frau. Sie folgt natürlich dem Glanz und der Macht des Leztern und verräth — aus bloßer Lieblosigkeit und Eitelkeit — die Pflicht und die Treue der Gattinn.

So wie Elfride das Geheimniß von ihrem Gatten erfahren, ist es dem Zuschauer fast gewiß daß sie ihn aufopfern wird.

Wenn Elfride quasi über dem Leichnam ihres Gemahls zum Thron geht, so ändert sich ihr Character, und ihre eigenen Diener verabscheuen sie.

Es entsteht eine Hoffnung und eine Furcht.

Zwischen der entdeckten Verrätherei Ethelwolds und seinem Tod verstreicht eine Zeit, verläuft eine Handlung.

Zwar ist es zwischen Elfride und dem König stillschweigend ausgemacht, daß Ethelwold untergehen muß. Warum? Des Königs Leidenschaft kann nicht weichen und Ihre Wünsche kann sie nicht aufgeben, Ethelwold aber kann seine Gattin nur durch den Tod aufgeben. Also muß er aus dem Wege.

Elfride, Ethelwold, Edgar stehen im Interesse vollkommen gleich. Sie hat die Schönheit, Ethelwold die Leidenschaft und den Besitz, Edgar die Leidenschaft und die Gewalt.

Edgars Liebe für den Ethelwold.

Ethelwolds Verlegenheit.

Elfridens Leichtsinn und Untreue.

Edgars Leidenschaft für Elfriden.

Ethelwolds Eifersucht und Qualen.

Elfridens und Edgars Verständniß.

Ethelwolds Tod.

Elfridens Erhöhung zur Königin.

Reue des Königs und sinistre Aspekten.

Ists prämeditierter Plan oder Zufall, was den König von der Wahrheit unterrichtet.

Beßer ist der Zufall als die Absicht.

Hat Ethelwold Feinde um den König und was wirken diese bei der Sache?

Elfride war in einem Zustande der Einschränkung und Entbehrung als Ethelwold sie zu s. Gemahlin machte. Diese Heirath war glänzend und gewinnreich für sie. Um so mehr blendet sie nun der Glanz des Thrones.

Der Graf von Devon ihr Vater muß wenn er vorkommt eine würdige Rolle spielen. Er fühlt zwar den höchsten Unwillen über Ethelwolds Verrätherei, aber seine stolze Rechtschaffenheit verabscheut eben so sehr die Verrätherei seiner Tochter.

Elfride kann eben so gut in die Nähe des Königs als Er in die ihrige kommen. Sie könnte z. B. aus weiblicher Legereté und Neugier sich unbekannt dahin begeben, wo sie ihren Gemahl und den König beisammen findet. Ethelwald erblickte sie und so entstünde eine sehr pathetische Situation durch seine Furcht; doch müßte er dießmal noch glücklich davon kommen. Die Schönheit der Elfride rührte den König auf das lebhafteste, und so wäre die Catastrophe schon avanciert, ehe sich Ethelwalds Verrätherei entdeckte.

Ethelwold, wenn er anfangen muß, an der Liebe und Treue seiner Gemahlin zu zweifeln, wird dem Grafen Devon als seinem lezten Trost in die Arme getrieben.

Was hindert den König, daß er den Ethelwold nicht gleich seiner Rache aufopfert, da Leidenschaft und Vortheil ihn gleich stark dazu antreiben?

   a. Edgar ist kein schlimmer Fürst und zur Güte mehr geneigt als zu Ferocität.

   b. Edgar liebte den Ethelwold wirklich und in einem solchen Grade daß er mehr Schmerz über den Verrath als Wuth wegen seines Verlustes empfindet.

   c. Edgar fühlt im ersten Moment noch nicht die ganze Gewalt der Passion für Elfriden. Es fodert einige Zeit, bis diese Leidenschaft sich völlig entwickelt und dann freilich sind ihre Folgen töblich.

   d. Ethelwalds Demüthigung und Reue entwaffnen auch im ersten Augenblicke seinen Zorn.